LE BON DIEU DANS LA RUE

«Appelez-moi *Pops*»

D1211435

LES ÉDITIONS LA SEMAINE
2050, rue de Bleury, bureau 500
Montréal (Québec) H3A 2J5

Éditeur : Claude J. Charron
Éditeur délégué : Claude Leclerc
Directrice des éditions : Annie Tonneau
Directeur artistique : Éric Béland
Coordonnatrice aux éditions : Françoise Bouchard
Concepteur : Dominic Bellemare

Directeur des opérations : Réal Paiement
Superviseure de la production : Lisette Brodeur
Assistants-contremaîtres : Valérie Gariépy, Joanie Pellerin
Traductrice : Solange Lemaitre-Provost
Réviseurs-correcteurs : Alexis L'Allier, Sara Nadine Lanouette, Luce Langlois, Marie Théoret
Scanneristes : Patrick Forgues, Éric Lépine, Estelle Siguret

Photo : Pierre Dionne
Styliste : Sylvy Plourde
Photos intérieures : Archives personnelles Emmett Johns

Remerciements : Gouvernement du Québec - Programme de crédits d'impôts
pour l'édition de livres - gestion SODEC

© Charron Éditeur Inc.
Dépôt légal : Deuxième trimestre 2008
Bibliothèque nationale du Québec
Bibliothèque nationale du Canada
ISBN : 978-2-923501-51-2

Achevé d'imprimer au Canada par
Marquis Imprimeur Inc.

LE BON DIEU DANS LA RUE

PAR KATIA MOSKVITCH

«Appelez-moi *Pops*»

Distribution : Messageries de Presse Benjamin
101, rue Henry-Bessemer
Bois-des-Fillion (Québec) J6Z 4S9
450-621-8167

Aux gens de la rue,
de la jungle urbaine de Montréal.

Le père Pops et ses amis les jeunes en compagnie du premier ministre du Québec, Jean Charest, lors de sa visite au centre d'accueil Dans la rue, en 2002

PRÉFACE

«De nos jours, beaucoup trop de jeunes vivent dans la rue. Même si leur nombre diminuait, il en resterait toujours trop.

Le père Emmett Johns, Pops, est reconnu pour le travail exceptionnel qu'il fait, mais il est reconnu également pour lui-même, pour qui il est. Ce n'est pas donné souvent de rencontrer un homme qui consacre sa vie aux jeunes de la rue, qui fait un geste aussi important que celui d'aller vers eux, dans leur milieu, dans leurs conditions à eux. Quelqu'un capable de les écouter sans les juger, et qui leur rappelle à quel point ils sont importants. Je pense que c'est surtout pour ça qu'on le reconnaît, qu'on voit en lui beaucoup de bonté et d'humilité, ce dont les jeunes de la rue ont le plus besoin.

Je souhaite que des gens s'inspirent de lui et choisissent à leur tour d'aider les jeunes. Il n'y aura jamais un deuxième père Pops, mais espérons que nombreux sont ceux qui poursuivront son œuvre pour les jeunes de la rue.»

Jean Charest, premier ministre du Québec, janvier 2007

MOT DE L'AUTEURE

Nous disons qu'il est différent, qu'il est spécial.

Ce qui le rend si spécial est une capacité très importante – celle d'écouter. En écoutant sans juger, tout d'abord à l'église lors des confessions, puis avec Dans la rue, une organisation venant en aide aux jeunes sans domicile, le père Emmett Johns « Pops » a sauvé des centaines de vies de jeunes de la rue à travers le Canada: les jeunes en détresse, ceux que la plupart des gens voudraient frapper, placer en détention ou rééduquer convenablement.

Mais dans ce livre, les rôles sont différents. Vous êtes le lecteur et Pops devient le conteur.

Par le biais de nombreuses entrevues réalisées de l'été 2006 jusqu'en janvier 2007, à son appartement de Montréal, Pops a levé le voile sur l'histoire de sa vie, ses hauts et ses bas, les merveilles de son enfance, ses premières amours, ses premiers emplois et ses premières impressions. Il parle des dangers et de l'excitation de piloter un petit avion, de son expérience d'enseignement du tir au pistolet dans un poste de police et de ce qu'il a vécu en tant qu'aumônier sur un navire de croisière sur l'Atlantique. Par-dessus tout, il parle de ce qui lui tient le plus à cœur: son travail avec les jeunes de la rue à Montréal.

Je suis très reconnaissante au père Johns, ce grand homme, de m'avoir donné la chance de partager avec le reste du monde des moments de sa vie, sa vision et ses espoirs.

J'aimerais remercier un grand nombre de personnes qui m'ont aidée à la rédaction de ce livre. Mes parents, Irina et Serguei Moskvitch, pour leurs précieux conseils et leur soutien ; plus particulièrement, mon père, Serguei, pour son aide concernant la structure du livre et pour m'avoir inspirée tout au long du travail ; mon époux, Yannick Ducret, pour sa patience et pour m'avoir apporté un café lorsque je devais rester éveillée la nuit entière pour terminer un chapitre ; mes anciens professeurs de journalisme à l'Université de Western Ontario et surtout David Estok, qui m'a conseillée d'aller droit au but ; Sara Beck pour son aide inestimable à l'édition et à la révision du contenu ; mon amie et ancienne collègue de classe Solange Lemaitre-Provost, pour avoir accepté d'effectuer la traduction française ; tous les jeunes de la rue qui ont été interviewés et qui ont partagé leurs expériences de vie souvent difficiles ; les membres de l'organisation Dans la rue, particulièrement les sœurs Virginia et Noella, de même que Serge Lecavalier ; le père Thomas McEntee et les anciens collègues de classe du père Johns ; le Dr François Lehmann, qui a accepté d'être interviewé durant ses heures de bureau ; et, finalement, Pops lui-même, puisque sans sa contribution et sa patience intarissable, ce livre n'aurait jamais pu être publié.

Quelques noms ont été changés et quelques événements reformulés de manière plus littéraire, mais la plupart des propos de ce livre sont des transcriptions de sessions d'enregistrements.

Ce sont les récits que le père Emmett Johns m'a racontés.
Ce sont les récits de Pops.

Katia Moskvitch

*« Dans les moments les plus difficiles de la prêtrise,
avec tous les scandales qui ont lieu autour de l'Église
de nos jours, nous pouvons le montrer du doigt et dire :
"Il nous a apporté un petit peu de crédibilité." »*

**Père Thomas McEntee, ami et ancien
collègue de classe du père Johns**

*« Souvenez-vous : aujourd'hui est
le premier jour du reste de votre vie. »*

Père Emmett Johns

Père Johns, dans les années 1980

PROLOGUE

Il faisait 28 degrés sous zéro. Une bourrasque de vent froid pénétrait la peau, glaçant la colonne et frayant son chemin jusqu'au cerveau. Josh s'emmitouflait du mieux qu'il pouvait dans son vieux manteau mince usé aux manches et laissant ses coudes exposés au vent.

Ce n'était certainement pas le bon type de manteau pour les rudes hivers de Montréal.

Avec le vent est venue la tempête. Recroquevillé dans le coin d'un abri d'autobus du centre-ville de Montréal, Josh commençait à somnoler. Lentement et inévitablement, il tombait endormi. Il savait qu'il n'y a rien de pire que de tomber endormi dans le froid, car il est probable de ne plus jamais se réveiller. Assoupi et déjà partiellement dans un autre monde, il réalisait qu'il ne sentait plus ses orteils. Cela l'inquiétait légèrement, mais pas suffisamment pour trouver l'énergie de se lever et de bouger. Bientôt, pensait-t-il, il ne pourrait plus rien sentir du tout. Mais où pourrait-il se rendre dans cet hiver sombre, inconnu et hostile?

Spikey tremblait lui aussi, appuyé contre son maître. C'était un berger allemand et le meilleur ami de Josh. Pour lui également, cet hiver était le plus froid qu'il n'avait jamais vécu.

Josh était un nouveau venu à Montréal. C'était un grand et mince jeune homme de 22 ans, à la chevelure noire, frisée et emmêlée. Une femme aurait tout donné pour avoir ces cheveux! Lui et Spikey étaient arrivés la veille, de Vancouver. Lorsqu'il a tout quitté, Josh avait une voiture et un ami... Il croyait en effet que Melik était un ami. Les deux garçons ont conduit pendant plus d'une semaine dans le froid, arrêtant dans de petits villages pour la nuit. Ils n'avaient pas d'argent pour payer l'hôtel, alors ils se rendaient directement dans toutes les églises de campagne à la recherche d'un abri. Les villageois semblaient hospitaliers, offrant gracieusement à Josh et à Melik une place où dormir, les nourrissant gratuitement et leur donnant le lendemain matin de l'argent pour remplir le réservoir de leur voiture.

En fait, ces gens voulaient simplement que Josh et Melik continuent leur chemin. Personne ne voulait de deux jeunes de la rue, probablement perturbateurs et drogués, au sein de leur communauté. Tous semblaient particulièrement effrayés par les chaînes et les cheveux en Mohawk de Melik. Leur donner de l'argent pour l'essence était une façon de les inciter à partir.

Lorsque les deux garçons ont rejoint Cornwall, à peine à plus d'une heure de Montréal, Melik a annoncé à Josh qu'il y resterait et que lui, Josh, était libre de continuer sa route. Ils s'étaient chicanés quelques semaines auparavant. Tout avait commencé à propos d'une dernière bouffée de marijuana, une petite chicane stupide qui avait rapidement dégénéré. La voiture était à Melik, et Josh n'était pas surpris que celui-ci l'en jette au dehors.

Alors Josh, accompagné de Spikey, a dû faire du pouce jusqu'à Montréal, au milieu du mois de janvier.

Josh préférait Montréal aux autres endroits, ayant entendu la rumeur qu'un vieil homme nommé « Pop », ou quelque chose comme ça, y vivait et qu'il aidait les jeunes âmes perdues à sortir de la misère. Non pas que Josh se considérait comme étant particulièrement misérable, mais manger un peu plus et possiblement dormir dans un abri chauffé était très attirant. Il avait entendu dire que le vieil homme donnait autant de hot-dogs que l'on puisse en manger et qu'il ne demandait rien en retour.

« Ho ! » entendit Josh soudainement. Il sentit quelqu'un lui brasser l'épaule. Il ouvrit les yeux et les premières choses qu'il vit dans la noirceur de cette nuit d'hiver furent une barbe blanche et des yeux aimables et souriants qui semblaient provenir d'un autre monde.

« Père Noël », dit Josh, remuant difficilement ses lèvres gelées.

« Allo, toi, répondit le père Noël. Dieu merci, tu es en vie ! Viens, mon garçon, il faut te réchauffer. »

Le père Noël aida Josh à se relever et le conduisit à travers le blizzard jusqu'à sa roulotte. Spikey les suivit, sautillant sur trois pattes à cause des engelures.

Rendu à l'intérieur, Josh put mieux observer son sauveur.

C'était un homme d'environ 75 ans. Sa barbe était plus courte que celle du père Noël devrait l'être. Il n'était pas seul dans la roulotte – une poignée de jeunes y étaient aussi, quelques-uns avec des chaînes, des bottes couvertes de clous, des tatouages et les cheveux en Mohawk. Mis à part eux, il y avait aussi quelques hommes qui donnaient des hot-dogs aux jeunes de la rue, du café, du chocolat chaud, du jus, des vêtements d'hiver et même des sacs de couchage.

« Êtes-vous Pop ? » demanda Josh.

« On me connaît sous le nom de Pops, répondit-il, mais mon vrai nom est Père Emmett Johns. Voudrais-tu un hot-dog ? »

« Oui, s'il vous plaît », dit Josh, retirant les glaçons de sa chevelure gelée. Le chien s'assit tout près, léchant sa patte blessée.

Une femme, belle et souriante, se tourna vers eux: «Nous avons des hot-dogs réguliers et des végétariens, avec du tofu au lieu de la viande», dit-elle avec un fort accent français.

«Je prendrais un régulier, dit Josh. Peut-il en avoir un, lui aussi?» demanda-t-il en faisant signe en direction de Spikey.

«Sans problème», répondit la fille en lui tendant deux hot-dogs grillés et une tasse de café fumant.

Quelqu'un cogna à la fenêtre du côté, où était le kiosque à hot-dogs. Josh apprit plus tard qu'ils s'agissait d'un bénévole. Celui-ci ouvrit la fenêtre coulissante et servit de la nourriture et des boissons à un groupe de jeunes à l'extérieur. Ils reçurent tous un sac rempli de nourriture en conserve. Quelqu'un demanda des gants d'hiver. Un autre avait besoin d'un chapeau et d'un foulard. On leur donna des vêtements flambant neufs, sans poser de question.

Pendant ce temps, Pops semblait occupé à discuter avec une jeune fille qui apparemment avait pleuré. Son visage était couvert de stries de maquillage. Josh était incapable d'entendre leur conversation d'où il était assis, mais après quelque temps, il remarqua quelque chose d'inhabituel. Ce n'était pas un dialogue. C'était un monologue. La fille parlait; Pops l'écoutait.

Cette nuit-là, Pops en personne a conduit Josh à un refuge nommé le Bunker où le jeune homme et Spikey ont été recueillis avec joie. Cette nuit-là, Josh et Pops ont parlé. Josh crevait de fatigue, frissonnant toujours de temps en temps, mais il sentait qu'il avait besoin de se confier à quelqu'un. Il a raconté à Pops qu'il avait été jeté hors de sa maison à Vancouver. Une nuit, son père était soûl et il avait frappé sa mère, puis lui à son tour, et Josh, pour la première fois, l'avait frappé en retour. Cela s'était passé six ans auparavant. «L'histoire classique», dit-il.

Il avait fini dans la rue, les poches et l'estomac vides. Ensuite les amis, les mauvaises influences, les drogues. Il avait failli mourir d'une surdose, à deux reprises. Ses parents n'en savaient rien. Il n'était jamais retourné chez lui. Il avait vu son père une fois, mais ce dernier avait feint de n'avoir pas reconnu son propre fils et il avait continué son chemin. C'est à ce moment-là que Josh avait décidé de partir à l'aventure, espérant se sentir mieux ailleurs. À Montréal, par exemple.

Pops l'a écouté. Il ne l'a pas interrompu une seule fois. Il a regardé Josh et a compris son histoire, l'histoire que cet enfant de la rue de Vancouver n'avait jamais racontée à qui que ce soit. Josh n'avait rencontré Pops que quelques heures plus tôt, mais il s'était confié à lui comme à son meilleur ami.

Pops avait quelque chose d'un grand-père en lui. Pas uniquement dans son apparence, mais dans la manière qu'il avait de traiter Josh et son chien, et dans la manière qu'il avait d'écouter et de conseiller lorsque Josh le lui demandait. Le garçon n'avait jamais connu son grand-père mais, cette nuit-là, il se dit qu'il avait toujours su que son grand-père aurait été exactement comme Pops.

En plus de raconter son histoire, Josh appris à connaître le vieil homme. Il découvrit que Pops aidait les jeunes dans la rue, « les jeunes de la rue », comme il les appelait depuis deux décennies.

Pops dit à Josh qu'il était prêtre et qu'en 1989, il avait décidé de créer une organisation nommée Le Bon Dieu dans la rue. Quelques bénévoles et lui avaient commencé à conduire une vieille roulotte rouillée dans les rues de Montréal, distribuant des hot-dogs aux jeunes de la rue. Avec le temps, Dans la rue s'était beaucoup développé. Pops possédait le Bunker, et un centre d'accueil avec une cafétéria et une école où les jeunes pouvaient venir et étudier sans avoir honte de leur manque d'études ou de leur apparence.

« Mais les choses ont changé à Dans la rue, dit Pops. C'est plus grand maintenant. » Au début, il n'y avait que lui. Aujourd'hui il y a un conseil d'administration, et c'est difficile lorsque le conseil et Pops ont des plans différents. Il voudrait étendre le projet à d'autres pays, mais le conseil préfère demeurer local. Il espère simplement que les membres du conseil ne seront pas en désaccord avec ce qu'il fait tous les jours, ce qu'il a toujours fait : conduire sa roulotte, aller au centre d'accueil et parler aux jeunes. C'est tout ce qu'il désire faire. Il veut aider les jeunes de la rue, leur offrir son cœur, son âme et la dernière chemise qu'il a sur le dos.

« Josh ? »

Josh était endormi. Il tentait d'écouter le témoignage du vieil homme, celui à qui il venait de raconter sa propre histoire, mais il était épuisé. Spikey respirait bruyamment sur le plancher, remuant ses pattes. Il pourchassait probablement un chat en rêve.

Il était presque 6 h du matin. Les nuits d'hiver à Montréal sont longues, alors le soleil n'était pas encore levé. Pops toucha doucement les cheveux de Josh, se releva, salua Spikey qui venait de se réveiller et, s'appuyant sur sa canne, sortit du Bunker.

C'était la première fois que le père Emmett Johns partageait l'histoire de sa vie, du moins en partie, avec une personne qu'il connaissait à peine. Mais il se sentait à l'aise de le faire. Il aimait ces jeunes. Il y avait une simplicité en eux, une âme remplie de bonté derrière chaque carapace. Lorsque les enfants venaient à lui déprimés, le cœur brisé et ne voyant rien d'autre qu'un avenir sombre, il répétait sans cesse ces mots :

Un jeune homme non identifié, dans les rues de Montréal.

« Ne t'inquiète pas. Ne pense plus au passé. Pense au présent. Parce qu'aujourd'hui est le premier jour du reste de ta vie. »

Pour Pops, il a toujours été clair que personne au monde ni aucune somme d'argent ne pourrait l'empêcher d'offrir son aide aux jeunes de la rue, ceux qu'il aime plus que tout.

Regardant une fois de plus le Bunker, sa création, le premier refuge à Montréal à accepter les jeunes de la rue avec leurs animaux de compagnie, Pops entra dans sa voiture.

L'instant d'après, il conduisait, disparaissant dans le blizzard toujours persistant. Il se sentait vieux, mais avait plein d'énergie à consacrer aux personnes qu'il aimait.

CHAPITRE 1

LE JEUNE EMMETT

*« Il était un garçon gêné. Lorsque nous avions
de la visite, il se cachait derrière les meubles.
Lorsqu'il a pris de l'âge, il s'est mis
à parler à tout le monde... »*

Frances, sœur du père Johns

Dès sa jeunesse, il était passionné par les voyages. Le jeune Emmett Johns (à droite),
à 20 ans, lors d'une escale d'un bateau de croisière sur la rivière Saguenay,
en compagnie d'autres passagers.

NÉ POUR VENIR EN AIDE AUX AUTRES

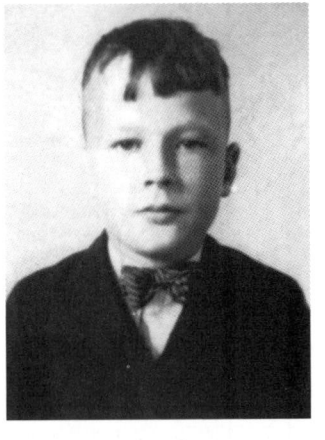

Un garçon bien sérieux. Emmett Johns, à l'âge de 7 ans.

Emmett Matthias Johns est venu au monde le 3 avril 1928. Il est né d'une famille anglophone de descendance irlandaise et habitait le quartier du Plateau Mont-Royal à Montréal, au Québec. Le jeune Emmett n'était pas très intéressé à la religion à l'époque et encore moins à la prêtrise.

Se réveiller à 4 h n'est pas agréable pour tout le monde. Pourtant, c'était le mode de vie de Mona Guilfoyle, la mère d'Emmett Johns. Ses matins débutaient en préparant le dejeuner pour son époux, le père d'Emmett, Matthias Johns, qui travaillait comme débardeur dans les silos à grains au port de Montréal, le long du fleuve Saint-Laurent. Ensuite, elle se rendait à la messe à l'église catholique anglaise St. Agnes, sur le coin des rues Saint-Denis et Duluth.

Le soleil dormait encore, tout comme les enfants de Mona, Emmett et sa sœur aînée, Frances...

« Frances et moi, nous allions à la messe chaque semaine, et toute la famille allait à l'église les dimanches. Une fois par année, nous allions en pèlerinage à Sainte-Anne-de-Beaupré », se souvient le père Johns, ayant maintenant 79 ans, feuilletant d'anciennes photographies, assis dans sa chambre étroite du Grand Séminaire de Montréal, sur la rue Sherbrooke.

Je mentirais en disant que j'étais un enfant très religieux. Pourtant, j'ai toujours su que je voulais aider les autres et j'aimais aussi l'aventure. Mais je n'ai jamais vraiment envisagé de devenir prêtre avant plusieurs années.

«TU ES MIEUX D'ÊTRE SAGE, JEUNE HOMME!»

Une des raisons pour lesquelles Emmett Johns est entré en prêtrise, c'est que la cour juvénile de Montréal n'était qu'à trois pâtés de maisons d'où il habitait étant enfant. Quatre fois par jour, tous les jours, il marchait ces trois pâtés, admirant, un peu effrayé, la structure remarquable...

La cour juvénile était un édifice impressionnant, particulièrement pour un jeune homme. Il y avait même des clôtures de barbelés! Imaginez un enfant de six ans se rendant à l'école et regardant ce genre d'édifice avec son imagination... Je suppose que cela doit avoir un lien avec mon intérêt pour la délinquance juvénile.

Lorsque j'étais un peu difficile à vivre, ma mère me pointait, puis pointait la cour. Cela réussissait à me calmer.

LA DÉPRESSION ÉTAIT AILLEURS

Emmett Johns est né à la veille de la Grande Dépression, qui a commencé en 1929 et s'est poursuivie durant les années 1930. Il n'a compris toute l'importance de cette période de détresse que longtemps après. La famille Johns n'avait pas vraiment été touchée, croyait-il.

La Grande Dépression a débuté aux États-Unis, provoquée par la chute du marché boursier de New York en 1929. Cet effondrement a également affecté le Canada, mais de façon beaucoup moins importante qu'aux États-Unis et qu'en Europe. Vers la moitié des années 1930, le Québec avait déjà commencé à se relever.

Je ne me souviens pas du tout d'avoir été touché par la Grande Dépression. Nous étions tous bien habillés et nous avions de la bonne nourriture. En été, nous allions à la plage tous les dimanches. Pour moi, la Dépression était ailleurs.

Nous avions notre propre maison. Peu de gens possédaient leur propre maison à cette époque à Montréal.

Nous avions une cour et un garage. Dans le garage se trouvait notre voiture. C'était un grand luxe d'avoir une voiture dans ces dures années 1930!

Mon père l'avait achetée en 1928. C'était une grosse voiture lourde, le genre de voiture que vous pouvez voir dans les films de gangsters avec Al Capone et sa bande, qui mitraillaient des commerces en conduisant...

Ce n'est qu'une fois grand que j'ai compris de quelle manière la Dépression avait affecté ma famille.

Mon père manœuvrait les monte-charges à grains sur les quais, six jours par semaine, de 10 à 12 heures par jour. Quand la Dépression a débuté, les administrateurs du quai voulaient congédier la moitié des employés. Mon père a conclu une entente avec eux afin de travailler trois jours par semaine; alors tout le monde travaillait, mais uniquement trois jours par semaine. C'était mieux que de ne plus avoir d'emploi du tout, ce qui arrivait trop souvent à cette époque.

Chose intéressante, les autres débardeurs volaient souvent une partie de la marchandise transitant par le port. Puisque mon père travaillait dans le grain, tout ce qu'il pouvait voler, s'il l'avait voulu, c'était du grain! Comment peut-on voler du grain? En mettant dans sa poche une livre de farine? Néanmoins, mon père n'a jamais volé quoi que ce soit.

Il ne me laissait pas aller le voir où il travaillait. Il croyait que de travailler dans un port était comme être un marin sur un navire; c'était une maladie.

Il a souffert d'emphysème et d'autres problèmes aux poumons à cause de la poussière du grain. Lorsque je suis allé visiter l'endroit où il travaillait, je ne pouvais pas voir plus loin qu'à quelques pieds devant moi. Durant 30 ans, il a manœuvré les monte-charges sans masque. Il n'a commencé à le porter que durant les cinq dernières années de sa vie. Il est mort à l'âge de 60 ans. J'avais 18 ans à ce moment-là.

IL N'Y A JAMAIS TROP DE BEURRE

La Dépression a beaucoup affecté les Montréalais. Plusieurs ont perdu leur emploi, d'autres n'avaient rien à manger...

Quand mon père était en vie, ma mère gérait la maison, faisait le magasinage, le ménage, le lavage. Les tâches de mon père étaient de travailler et de ramener de l'argent. À la fin de chaque semaine, il rapportait une enveloppe à la maison, la tendait à ma mère, qui prenait l'argent et lui remettait le montant dont il aurait besoin durant la semaine. Ma mère était la patronne sur le plan économique.

Les samedis matins, nous allions à une épicerie, où nous pouvions acheter en grande quantité. C'était drôle lorsque ma mère disait au propriétaire qu'elle voulait cinq livres de beurre. Il prenait son couteau, en coupait un morceau en mesurant à l'œil, le mettait sur la balance, et il arrivait toujours à cinq livres exactement! J'ignore s'il pesait avec son doigt sur la balance. J'étais toujours très impressionné...

Par la suite, j'ai appris quelque chose à ce sujet. Ma mère achetait cinq livres de beurre pour quatre personnes. C'est beaucoup de beurre! Je n'y ai jamais pensé jusqu'à ce que, des années plus tard, ma sœur me dise ce que ma mère faisait avec le reste. Elle demandait à une femme de l'autre côté de la ruelle si elle avait besoin de beurre, lui disant qu'elle en avait trop, et elle le lui donnait.

Elle était charitable, elle s'occupait des pauvres. Peut-être que cela m'a influencé. Nous ne savons pas quelle influence nos parents ont eu sur nous, jusqu'à ce que nous soyons trop vieux pour l'apprécier.

«GROS NEZ!»

La ville de Montréal, dans les années 1930, n'était pas bien différent de la Montréal d'aujourd'hui: il y avait des francophones et des anglophones.

Au début du XXe siècle, l'essor des possibilités d'emploi à Montréal a entraîné une vague d'immigration; les Canadiens français des régions rurales en ont aussi profité. Alors que Montréal formait un mélange de Québécois francophones et de colons de diverses origines européennes, qui s'intégraient généralement à la communauté anglophone, il n'était pas rare qu'un enfant soit bilingue.

Le jeune Emmett Johns ne faisait pas exception.

Mais parler les deux langues officielles ne signifiait pas partager les mêmes valeurs culturelles, ni avoir le même sens de l'humour.

«Eh, toi, Gros nez!»

Enfant et adolescent, je croyais que c'était une manière parfaitement acceptable de m'adresser à mes amis et à mes collègues de classe.

Je suis né et j'ai grandi dans un quartier francophone de Montréal. Tous mes amis et voisins étaient des Québécois francophones. Par contre, mes parents étaient anglophones et nous parlions anglais à la maison. Ils avaient décidé que leurs enfants devaient apprendre au moins une langue parfaitement, et ma sœur et moi sommes allés à l'école anglophone. Mais puisque tous mes amis parlaient français, je n'ai pas seulement appris leur langue, mais j'ai aussi découvert la culture des francophones, leurs habitudes de vie, leur sens de l'humour. Toutes les blagues que je connaissais étaient en français. L'humour des Canadiens français est très différent de celui des Canadiens anglais.

À Montréal, pour une raison que j'ignore, nous appelions les enfants anglophones «les maudits *blokes*».

Il n'est pas fréquent d'entendre quelqu'un à Toronto appeler une personne «Gros nez». Pourtant, au Québec, c'est une blague courante. Une blague qui fait rire. Il y avait un enfant dans le quartier qu'on appelait «Gros nez». Ça ne le dérangeait pas! Et ce n'est qu'un seul exemple parmi plusieurs blagues des Canadiens français qui sont dirigées contre l'apparence physique d'une personne.

Que dire d'un Québécois qui dit: «Têtes carrées!» À Montréal, il n'y a rien de particulièrement mal à cela. Mais si ce Québécois déménageait à Toronto et dans un contexte anglophone et s'il appelait un enfant «Tête carrée», il risquerait fort de recevoir un coup de poing au visage!

LES PREMIÈRES PEURS

Les fenêtres et les portes de devant faisaient toutes face à la rue.

Quand j'étais enfant, il y avait plus de carrioles que de voitures. Et parfois, un cheval tentait de s'enfuir.

Nous vivions à l'intersection de deux rues et le cheval passait le coin sans conducteur. C'était assez effrayant!

Nous ne faisions pas de blague avec ça.

«FRAPPE-LE, FRAPPE-LE AU VISAGE!»

Le jeune Emmett jouait rarement avec sa sœur aînée, Frances. Mais Frances se souvient d'un jour mémorable des années 1930 où ils jouaient ensemble dans la neige...

De l'autre côté de la rue, en face de la maison, il y avait une cour remplie de bois, uniquement de bois.

Un jour, nous étions allés lancer des balles de neige contre le bois. Tout à coup, une voiture tirée par un cheval a tourné le coin. Le conducteur avait la fenêtre ouverte, et nous l'avons frappé au visage. Je ne sais pas lequel de nous deux l'a atteint. L'homme a arrêté le cheval. Nous avons couru le long de la ruelle jusque dans la cour, nous sommes montés en haut de l'escalier jusqu'au balcon, puis nous nous sommes cachés dans un coin. Je crois que nous avons retenu notre souffle tout au long de sa course, alors qu'il criait que, s'il nous attrapait, il nous ferait quelque chose.

Emmett avait 10 ans. Nous étions suffisamment petits et rapides pour fuir sa vengeance.

C'est le plus vilains que nous ayions été.

Frances Johns

DIRECTEMENT DANS L'ŒIL

Dans la cour d'école, il y avait un gros arbre.

Nous jouions au « ballon chasseur ». Nous avions une balle, que nous lancions afin d'atteindre les joueurs de l'équipe adverse. Je n'ai jamais dit savoir bien viser...

Un jour, pourtant, j'ai lancé la balle vers un garçon qui me regardait de derrière un arbre et il l'a reçue directement dans l'œil. Ça a fait tout un scandale !

J'avais peut-être six ou sept ans.

AUCUN PÈRE NOËL

Plusieurs enfants croient au père Noël descendant le long de la cheminée, apportant plein de cadeaux. Inévitablement, nous grandissons et découvrons, d'une manière ou d'une autre, qu'il n'y a, malheureusement, pas de père Noël...

J'étais certain que le père Noël existait.

Cette année-là, je devais avoir environ huit ans. J'avais quelques doutes, mais je croyais toujours que le père Noël était réel.

Noël arriva.

Nous avions l'habitude de suspendre nos bas parmi les bas de Noël dans la salle à dîner. Dans ces bas, il y avait des fruits, ce qui n'était pas courant à cette époque. Les pommes, les oranges et les bananes étaient très rares. Lorsque je suis allé chercher mon bas, il y avait une orange et une pomme toutes plissées à l'intérieur, probablement parce qu'elles avaient voyagé longtemps et certainement pas à cause de l'air réfrigéré du train.

Je n'étais pas très content.

Puis, je suis allé à la cuisine. Il y avait un sac brun et, à l'intérieur, il y avait d'autres oranges et d'autres pommes plissées.

J'ai dit: «Oh! voilà la preuve! Ces oranges sont identiques aux autres. Ces pommes sont identiques aux autres. Le père Noël ne les a pas apportées; mes parents les ont achetées et les ont mises dans le sac!»

Ah!

Ce jour-là, j'ai cessé de croire au père Noël.

«POURQUOI JE N'AIME PAS LA BIÈRE»

De nos jours, les enfants au Canada n'ont pas le droit de travailler tant qu'ils n'ont pas atteint l'âge légal. Dans les années 1940, ce n'était pas le cas. Quand Emmett Johns avait 12 ans, il a cherché un emploi afin d'avoir un peu d'argent de poche et de s'occuper durant les longs jours d'été. Après tout, la télévision n'existait pas dans ce temps-là...

Mon premier emploi était dans une petite épicerie.

Parfois, les clients disaient: «Pourquoi est-ce que tu as des maudits *blokes* qui travaillent ici?» Mais M. Desmarais, le propriétaire, me défendait en répondant: «Il n'est pas un *bloke*, il est Irlandais.» Être Anglais et être Irlandais, c'était très différent.

Au magasin, tout était livré dans des sacs et des boîtes. Le beurre venait en boîtes. Le thé et le sucre arrivaient dans de gros sacs. Puisque quelques personnes ne pouvaient pas s'offrir un gros sac de thé, le propriétaire achetait des sacs vides d'une livre, une livre et demie, ou de deux livres, et la tâche des enfants était de mettre le thé dans ces sacs, de les peser, puis de les sceller avec du ruban adhésif. Nous faisions la même chose pour d'autres produits.

La bière était livrée dans des chariots tirés par des chevaux. Ils montaient la rue Saint-Hubert, puis la rue Laurier et ils se stationnaient là. Nous avions à décharger les caisses de bière du camion, à les faire glisser dans le sous-sol de l'épicerie, puis à remettre les bouteilles vides dans le chariot. Durant ce temps, les chevaux, qui restaient là sans bouger, faisaient généralement leur « numéro un » ou « numéro deux », et le « numéro un » ressemblait beaucoup à de la bière.

Voilà une des raisons pour lesquelles je ne me suis jamais soûlé à de la bière !

SE FAIRE PUNIR

J'avais cinq ans lorsque je suis tombé amoureux pour la première fois.

Quand j'étais en première année à l'école catholique St. Agnes, j'étais, comme tous les autres élèves de la classe, amoureux de ma professeure, Mlle Dillon. Nous étions tous des garçons, puisque les filles étudiaient de l'autre côté de l'école. Nous étions séparés par une clôture. Nous aimions tous Mlle Dillon. Elle était un ange.

Mais le temps a passé. Nous étions rendus en deuxième année. Une autre femme nous enseignait. Son nom était Mlle Platzki.

Je me demande encore si elle avait déjà été garde dans un camp de concentration... Elle nous battait toujours ! Nous arrivions le matin et nous nous alignions le long du mur avec nos devoirs. Elle nous demandait de tenir le devoir d'une main et de laisser l'autre libre pour recevoir notre punition pour chacune des fautes. Elle avait une baguette de bois avec laquelle elle pointait les choses au tableau et elle s'en servait pour nous frapper les jointures en guise de punition. Un coup par faute. C'était douloureux, et je détestais Mlle Platzki autant que j'aimais Mlle Dillon.

Un de mes collègues de classe se nommait Johnny Maurice, un Canadien d'origine syrienne. Pour une raison que j'ignore, Mlle Platzki l'a pris en grippe. Elle aimait le frapper sans cesse, devant les autres élèves. Une fois, elle l'a fessé si fort que le pauvre garçon est devenu fou, il est sorti en courant de la classe, par l'escalier de secours, jusque dans la cour d'école.

Mlle Platzki n'aimait pas qu'on lui désobéisse, alors elle a envoyé quelques garçons plus âgés pour le rattraper. Mais il n'allait pas se laisser faire si facilement. Il a pris des cailloux et s'est caché derrière un coin, comme un tigre, prêt à affronter toute personne assez brave pour s'approcher de lui.

Personne ne l'a fait. Johnny avait gagné cette bataille.

LE DIRECTEUR D'ÉCOLE QUI N'AIMAIT PAS LA NEIGE

Johnny Maurice, les autres garçons et moi, nous nous tenions toujours ensemble. Comme à bien des garçons, il nous arrivait des ennuis.

La veille de Noël, il y avait beaucoup de neige au sol et, pour des enfants de sept ans, rien n'est plus amusant que de jouer dans la neige et d'enterrer quelqu'un contre son gré. Un jour, nous avions enterré un enfant de manière à ce que seulement le dessus de sa tête soit à la surface.

Malheureusement pour nous, le directeur est arrivé et a vu la « victime », ou plutôt a deviné que quelqu'un était sous la neige. Fronçant les sourcils, il nous a dit de l'attendre dans son bureau. Apparemment, il ne trouvait pas amusante l'idée d'enterrer quelqu'un. Ou peut-être qu'il n'aimait simplement pas la neige?

Entrer dans son bureau ne pouvait signifier qu'une seule chose: nous allions recevoir des coups de sangle. Les autres enfants avaient plus d'expérience que moi dans ce domaine; moi, c'était ma première visite. Ils m'ont dit de préparer mes mains en les frottant d'abord contre un mur rugueux. Les autres m'ont averti qu'au moment de frotter les mains contre le mur, cela ferait mal, mais que ce serait moins douloureux lors des coups de sangle.

J'ai blessé mes mains ce jour-là, les frappant contre le mur le plus fort que je pouvais, au point de les faire presque saigner. Des années plus tard, j'ai découvert que les autres s'étaient moqués de moi lorsqu'ils m'avaient dit cela, que c'était une blague.

En passant, j'ai eu les mains fouettées.

« J'ALLAIS DEVENIR CHORISTE, JUSQU'À CE QUE J'OUVRE LA BOUCHE »

Quand j'étais jeune, j'ai toujours cru que je pourrais chanter.

Souvent, je chantais les vêpres dans ma tête, croyant que l'air et le rythme n'étaient pas plus mal que celui de Louis Armstrong.

L'école primaire de St. Agnes avait une chorale d'enfants pour notre église paroissiale. L'autre école de la paroisse, l'école élémentaire Olier, fournissait les servants de messe.

Comme tous les autres élèves de mon école, on a testé mes « talents » de chanteur. J'allais devenir choriste, jusqu'à ce que j'ouvre la bouche dans le bureau du directeur. Il m'avait fait appeler pour voir si j'avais des aptitudes pour chanter. J'ai fait comme si j'avais une grosse grippe, toussant et murmurant avec confusion que j'étais enrhumé.

Malgré tout, le directeur avait l'oreille musicale et il en avait assez entendu. Ça a été la fin de ma carrière musicale.

Incapable de faire partie du chœur, je n'ai eu d'autre choix que de rester simple paroissien.

MEILLEUR DE LA CLASSE, MAIS PAS POUR LONGTEMPS

Ce n'est pas très amusant lorsqu'on pense être le plus intelligent de la classe et qu'on réalise qu'on ne l'est pas. Quand Emmett Johns avait six ans, il était un élève brillant, particulièrement en religion. Peu importe ce que les gens lui demandaient, il connaissait la réponse. Il était toujours le premier à lever la main en classe au primaire. Pourtant, cela changea rapidement...

À l'école St. Agnes, les professeurs avaient l'habitude d'offrir chaque mois une médaille à l'élève qui avait les meilleures notes. Ils se sont fatigués de m'offrir la médaille, alors ils me l'ont donnée pour de bon. J'étais un enfant brillant.

Arrivé à l'école secondaire, D'Arcy McGee, j'ai compris que je n'étais pas si intelligent que je le pensais. Les élèves y étaient placés en groupes. Cette école secondaire desservait plusieurs écoles primaires, et les étudiants étaient assignés à certains groupes, selon leurs notes et leurs examens.

Il y avait cinq groupes en première année du secondaire. J'ai compris plus tard que même si j'étais dans la classe A, cela ne signifiait pas que c'était la classe la plus « intelligente ». La classe C l'était.

Ne plus être le premier m'a réellement blessé dans mon orgueil.

LE PREMIER AMOUR

Être « en amour » est définitivement mieux qu'être « en peine d'amour ».

Adolescent, je travaillais dans un dépanneur du Plateau, pas très loin de la maison familiale. J'observais avec intérêt les filles et les jeunes femmes qui entraient au magasin. Je me souviens plus particulièrement d'une cliente que tous les garçons aimaient.

Elle était une jeune femme assez attirante, plus âgée que moi. J'avais 12 ans et elle devait en avoir 20. Chaque semaine, elle achetait une savonette: une marque spéciale pour les femmes. Nous la servions, puis, lorsqu'elle quittait le magasin, nous riions tous, trop gênés d'admettre qu'elle nous plaisait. Mais quand elle était à l'intérieur, nous étions très polis pour ne pas recevoir de tape derrière la tête.

Toutefois, cela n'était rien comparativement à mon premier « véritable » amour.

Au-dessus du dépanneur, dans le même édifice, vivait une fille.

Je l'avais vue quelques fois avant que quelque chose commence à me chatouiller dans la poitrine. Je l'avais vue lisant sur son balcon, ou montant et descendant l'escalier. Elle restait une fille tout à fait ordinaire pour moi, jusqu'à un certain jour...

C'était une journée chaude de l'été 1942. J'étais occupé à replacer les barres de chocolat sur les tablettes face au comptoir lorsque j'ai vu son reflet dans la porte de verre de l'armoire où étaient rangées les boissons. Habituellement, elle portait une queue-de-cheval, mais ce jour-là, ses cheveux tombaient librement sur ses épaules dénudées. Elle portait une robe bleue couverte de petits pois. Elle était si belle que j'ai figé, avec une douzaine de barres de chocolat dans les mains, regardant la vitre avec stupéfaction.

Je ne me suis jamais retourné pour la regarder, je ne lui ai jamais parlé. Elle a acheté du pain et elle est sortie, laissant entrer une chaude brise d'été emplie de fleurs magnifiques

Avant de devenir prêtre, le jeune Emmett Johns a eu quelques histoires d'amitié et d'amour. En compagnie d'une amie de sa sœur Frances, Stella, en 1943.

et de doux espoirs. En fait, ils étaient doux et amers, ces espoirs, parce qu'ils ne se sont jamais réalisés.

J'étais heureux ce jour-là.

Plus tard, j'ai appris qu'elle s'appelait Theresa.

De l'autre côté de la rue, il y avait un restaurant où nous pouvions acheter de la crème glacée. Lorsque nous ne travaillions pas, nous traînions près des portes de la crèmerie, observant les gens qui y entraient : les filles bien entendu. De ce magasin, nous avions une bonne vue sur le troisième étage et sur Theresa. Je connaissais son frère, mais je n'ai jamais pu lui parler, à elle.

Je n'ai jamais dit à qui que ce soit ce que je ressentais. En même temps, je n'avais que 12 ans à l'époque; personne n'aurait cru que mes sentiments étaient réels.

L'étaient-ils vraiment?

SE PRÉPARER À LA GUERRE

La prêtrise n'était pas le premier choix de carrière pour le jeune Emmett. En fait, au secondaire, il rêvait de devenir pilote...

Quand j'étais au secondaire, la Seconde Guerre mondiale avait débuté.

Nous étions obligés de joindre les cadets. Puisque je voulais devenir pilote, j'ai joint les cadets de l'air. J'y allais deux soirs par semaine pour quelques heures, et nous marchions en rond. Je ne comprends pas pourquoi nous marchions tant si nous voulions devenir pilotes!

Nous sommes aussi allés à un camp de deux semaines. Je me souviens que la personne qui s'occupait de la discipline nous a dit publiquement que nous étions les pires cadets qu'il n'avait jamais eus.

Quand j'étais en quatrième année du secondaire, le programme des cadets a été instauré à mon école. On m'a recruté pour joindre les cadets de l'armée, le groupe des gardes grenadiers, et on m'a attribué un grade. Dans les cadets de l'air, j'étais simple cadet. Mais dans les cadets de l'armée, je suis devenu commandant de la compagnie. Il leur fallait bien donner des grades à quelqu'un! J'ai passé de simple soldat à commandant en une nuit!

Il y avait une centaine de cadets qui s'adressaient à moi en disant «Monsieur!». J'étais un capitaine; il y avait trois lieutenants sous mes ordres, trois ou quatre sergents sous eux, puis une demi-douzaine ou plus de caporaux, et une centaine de jeunes de première année du secondaire. J'avais un bel uniforme et un bâton de marche, comme les vrais officiers.

Il n'y avait rien de vraiment militaire, mis à part la marche. Au lieu de pratiquer des sports, notre programme d'exercices consistait à marcher en rond dans la cour d'école. C'était assez rudimentaire.

Ils nous ont aussi montré comment tirer et c'est devenu une de mes spécialités. J'étais inscrit à un club de tir qui avait lieu tous les samedis matins. Avec frère Ambrose et une douzaine de jeunes, nous allions au champ de tir des gardes grenadiers pour nous exercer. Mes parents m'avaient même acheté un fusil: un très beau, fabriqué en Tchécoslovaquie, réputée pour ses fusils. Il valait cent dollars. À l'époque, c'était beaucoup d'argent!

Le frère qui dirigeait les cadets de l'armée enseignait aussi les mathématiques et le latin. Nous restions calmes parce que si nous faisions les fous dans les cadets, il nous « aurait » le lendemain matin à l'école.

Je voulais toujours être pilote. Je voulais aller à la guerre. J'étais fou comme tous les autres de mon âge. Voilà pourquoi ils prennent les soldats jeunes. Tous veulent devenir soldats! Tirer sur les gens? Merveilleux!

Pourtant, avant que je termine ma quatrième année du secondaire, la guerre a cessé. Le temps était venu d'être plus réaliste. J'ai pensé devenir ingénieur chimiste, mais après avoir travaillé cet été-là pour un chimiste, l'odeur m'a fait perdre mon ambition!

Je devais trouver ma vocation. La prêtrise missionnaire fut mon choix final.

CHAPITRE 2

LES ANNÉES DE COLLÈGE

« J'ai toujours voulu être missionnaire.
Aller en Chine était le rêve de ma vie. »

Père Emmett Johns

Qui a dit qu'il n'avait pas une belle voix ? Le séminariste Emmett
Johns chantant (le premier à gauche, au troisième rang) au Grand
Séminaire de Montréal, dans les années 1950.

LA CHINE

En 1945, Emmett Matthias Johns venait tout juste de termi-
ner l'école secondaire. Le temps était maintenant venu de
décider ce qu'il ferait de sa vie. Son père, qui avait cessé son
éducation à la sixième année primaire, voulait que son fils
continue à l'université. Dans n'importe quel domaine.
Emmett a pris sa décision...

Il n'est pas toujours facile de décider ce qu'on fera
des prochaines 60 années de sa vie lorsqu'on a seulement
17 ans.

Lorsque j'habitais la maison familiale, nous étions abon-
nés au magazine *China Mission,* qui fut renommé *Scarboro
Missions,* en 1950. La publication mensuelle était, et est
encore, la « voix » de la Scarboro Foreign Mission Society.
Je me perdais dans les articles sur les prêtres missionnaires
qui vivaient en Chine; leurs aventures me fascinaient.
J'aimais en apprendre sur leur travail, sur la manière dont
ils enseignaient le catéchisme et aidaient les gens.

Inconsciemment, au fil des années, mon désir de voyager,
combiné avec l'urgence d'aider les autres, d'être utile et de
mener une vie épanouie s'intensifiait.

Le jour de ma graduation, je savais ce que je voulais
faire. Je voulais devenir missionnaire, un missionnaire dans
la lointaine et captivante contrée de la Chine.

Pourquoi la Chine?

Bien sûr, il y avait d'autres options. Par exemple, il y
avait un manque de missionnaires dans le Nord canadien,
mais il y faisait trop froid. Les températures y descendent
jusqu'à 60 degrés sous zéro. Je n'aime pas le froid; même les
hivers montréalais sont trop brutaux pour moi!

Une alternative au froid extrême du Yukon et des
Territoires du Nord-Ouest était un continent au climat

totalement opposé: l'Afrique. C'était pour moi une option jusqu'au jour où un prêtre missionnaire qui avait travaillé en Afrique du Sud est venu à notre école. Je me souviens encore aujourd'hui de l'une des histoires qu'il nous a racontées.

C'était à propos d'une espèce de fourmis rouges qui infestaient plusieurs pays du sud du continent. Ces insectes se rendaient dans un village et y mangeaient tout ce qui ne bougeait pas et tout ce qui ne bougeait pas assez rapidement. Ils avançaient comme une armée, formant des bandes rougeâtres d'environ trois ou quatre pouces de large, et ils dévoraient tout ce qui était sur leur chemin, que ce soit une maison, une ferme ou une carcasse de bétail.

Dans les années 1940, les habitations en Afrique étaient primitives. Ces petites furies rouges causaient toutes sortes de dommages aux paysans. C'était comme un incendie au village, détruisant les huttes de bois à une vitesse et dans une rage incroyables. Les gens fuyaient lorsqu'ils voyaient les fourmis arriver. Plus rien ne restait après leur invasion. Aucune récolte, aucun animal à moins que les villageois ne les aient retirés du chemin suffisamment rapidement, mais ce n'était pas le cas habituellement.

Quand le missionnaire a quitté notre classe, je savais que l'Afrique n'était pas pour moi.

C'est à ce moment-là que j'ai envisagé les merveilles de la Chine. Je savais qu'il n'y ferait pas trop froid et que je n'y rencontrerais pas de fourmis rouges. Je ne sais pas d'où cette idée m'est venue, mais cela n'a pas vraiment d'importance.

La Chine est devenue mon obsession.

Je voulais devenir prêtre pour une mission étrangère en Chine.

S'ENGAGER

Discuter de son avenir avec ses parents peut être un peu délicat. La vision des adolescents de leur vie n'est pas nécessairement celle que leur père et leur mère voudraient. Le jeune Emmett Johns a pesé avec soin le pour et le contre avant de parler à son père de sa décision de devenir prêtre...

J'étais certain que ma mère approuverait ma décision. En tant que personne profondément religieuse, je savais qu'elle serait contente que son fils s'engage dans les missions étrangères.

Par contre, je n'avais aucune idée de la réaction de mon père. Après tout, je n'avais jamais vraiment eu de discussion avec lui à propos du travail de missionnaire. De plus, j'étais le seul fils et le seul qui pourrait continuer la lignée des Johns, et la vie d'un prêtre signifie le célibat, donc aucune descendance. Peut-être papa s'attendait-il à ce que je prenne soin de la famille lorsqu'il serait à la retraite ? Il commençait à être assez âgé...

Je savais qu'il voulait que j'aille à l'université : quelque chose qu'il n'avait jamais pu faire. Il m'a même déjà menacé de me briser tous les os du corps si je n'y allais pas.

Un soir, je l'ai approché alors qu'il revenait du travail et je lui ai demandé si je pouvais lui parler en privé. Nous sommes entrés dans la salle à dîner, et dès que nous nous sommes assis, j'ai lancé, la voix tremblante : « Je m'engage ! »

Sa réaction fut ce que je craignais le plus. Il m'a regardé, a froncé les sourcils et serré les poings.

« Tu fais *quoi* ? »

Alors, j'ai su que j'avais fait une erreur. Papa croyait que je m'engageais dans l'armée. Étant de descendance galloise et irlandaise, il n'avait pas beaucoup de respect pour l'Empire britannique.

« Non Papa, je ne veux pas joindre l'armée britannique.

Je veux joindre l'armée de *Dieu* », ais-je précisé, bondissant sur mes pieds.

Tout d'un coup, son visage s'est illuminé. Il m'a regardé comme il ne l'avait jamais fait auparavant. Ses yeux se sont mis à briller et, pour la première et l'unique fois de ma vie, j'ai vu mon père pleurer. Mais ses larmes étaient des larmes de joie.

Mon père, qui semblait si rude et sévère, avec ses grandes mains et sa mâchoire carrée, pleurait.

J'ai su que j'avais son approbation.

Il était un bon père. Il était le meilleur père que j'aurais pu souhaiter avoir. Il n'a jamais frappé ma mère ni ma sœur, et très rarement moi. Il n'est jamais rentré ivre à la maison.

Quand il est décédé, ç'a été à mon tour de pleurer. Je n'étais pas le seul. Tous ses amis du quai, de grands et gros presque effrayants travailleurs du port, versaient des larmes à ses obsèques.

Mon père ne m'a jamais vu prêtre. Mais il savait que j'en deviendrais un.

Matthias Johns était un homme bon. Il me manque profondément.

« JE NE SUIS PAS UN VOLEUR »

La sœur d'Emmett était stupéfaite d'apprendre que son frère cadet allait devenir prêtre. Avant d'apprendre la grande nouvelle, elle avait quelques doutes sur son honnêteté...

Lorsque Emmett a décidé de devenir prêtre, j'étais à New York. Ma cousine se mariait et j'étais sa demoiselle d'honneur.

Je suis revenue à Montréal un dimanche. Je me souviens que je cherchais mon livre de prières pour me rendre à la messe. J'entrais et Emmett revenait tout juste de la messe. Il m'a dit : « Eh, tu peux prendre un de ceux-là », en m'en tendant un.

Je l'ai pris et, rendue à l'église, je l'ai ouvert et j'y ai vu le nom d'un prêtre dans la couverture. Lorsque je suis rentrée à la maison, j'ai couru jusqu'à mon frère en criant: «Emmett, comment oses-tu? Tu voles des choses maintenant! Tu ne peux pas voler un prêtre!»

«Non, répondit-il, il me l'a donné. Viens ici, je veux te montrer quelque chose.»

Nous sommes allés dans sa chambre. Il avait fait ses valises. Il m'a regardée et m'a dit:

«Je deviendrai prêtre demain!»

Frances Johns

QUELQUES DERNIERS DOUTES

Pour me rendre à Scarboro, je devais tout d'abord prendre le train pour Toronto. Mon billet dans une main et ma valise dans l'autre, je cherchais mon siège. J'avais un siège du côté de la fenêtre, mais lorsque je l'ai trouvé, il était déjà occupé.

Par une fille.

«Oh, désolée, dit-elle, je déteste m'asseoir le long de l'allée, mais si vous voulez réellement vous asseoir du côté de la fenêtre, je vais changer de place.»

Je voulais vraiment cette place près de la fenêtre, mais je ne l'ai pas dit. Au lieu de cela, je me suis assis à côté d'elle et nous avons parlé tout le long du trajet jusqu'à Toronto. Le voyage doit avoir duré au moins six heures, mais il m'a semblé ne prendre que cinq minutes.

Son nom était Louise.

Elle est descendue à Toronto et j'ai continué jusqu'à London, en Ontario.

À mon arrivée au séminaire, j'étais si préoccupé de ma nouvelle vie qui s'annonçait que mes souvenirs de Louise se sont effacés durant la première semaine.

Je savais que mon parcours jusqu'à la prêtrise était vraiment commencé.

« IL Y AVAIT UN GARÇON DANS LA CHAMBRE… »

À l'âge de 17 ans, les gens anticipent rarement les consé-quences de leur choix de carrière. Joindre les missions étrangères signifiait devenir prêtre, et devenir prêtre signi-fiait faire le vœu de célibat. Mais les missions étrangères signifiaient aussi aller en Chine et, pour Emmett Johns, c'était le plus important.

Scarboro Foreign Missions Society fut fondée en 1918 par un prêtre catholique de Toronto, P. John Fraser. Au-jourd'hui, la Société, basée en Ontario, s'occupe de missions dans plusieurs pays du monde, incluant l'Amérique latine, les Caraïbes, l'Asie et l'Afrique.

En 1940, par contre, la seule destination des mission-naires de Scarboro était le pays le plus populeux du monde: la Chine.

La Chine était mon objectif.

C'était l'endroit où je voulais aller plus que tout, alors j'ai soumis ma candidature à la Scarboro Foreign Missions Society et, à ma grande joie, j'ai été accepté.

Avant de monter dans le train, à Montréal, vers ma nou-velle vie, je ne me suis jamais vraiment posé de questions à propos de mon choix. Après tout, devenir prêtre signifiait n'avoir aucune famille, aucune femme, aucun enfant. Je savais que la prêtrise signifiait le célibat et que le célibat signifiait toutes ces choses, mais je ne me suis jamais soucié de ce que cela impliquait. J'étais jeune et j'avais la vie devant moi. Je partais pour la Chine. Si quelqu'un me disait que j'allais manger du riz jusqu'à la fin des mes jours, je lui souriais simplement et disais : « Et puis ? »

De plus, j'avais une sœur et c'était suffisant. Je ne voulais aucune autre femme dans ma vie ! Ma sœur, Frances, m'a aidé à trouver ma vocation.

Il y avait d'autres inconvénients. C'était le voyage de toute une vie. Un missionnaire assigné à la Chine ne savait jamais s'il reviendrait au Canada. Ce n'est que plusieurs années plus tard que cela a changé. De nos jours, les missionnaires sont envoyés pour cinq ans, puis ils reviennent à leur pays d'origine pour un an. Ils peuvent y retourner ensuite s'ils le désirent. Dans le temps, le seul moyen de transport était le bateau. Tout d'abord, cela prenait une semaine de train jusqu'à Vancouver, suivie d'un mois ou deux de navire jusqu'en Asie.

Pour moi, un jeune homme enthousiaste de 18 ans, rien de tout cela n'avait d'importance. J'allais en Chine !

Je suis descendu du train dans un petit village nommé St. Mary's, pas très loin de London, en Ontario. C'était l'endroit où je passerais les 10 mois de mon noviciat, la première des sept années requises pour devenir missionnaire.

Le premier endroit que j'ai visité à St. Mary's était la chapelle, qui était ce à quoi je m'attendais.

Ensuite, on m'a emmené à la salle des loisirs. J'ai réalisé que les religieux ne sont pas des personnes aussi abstinentes que je le croyais. Au milieu de la salle se trouvait une table de billard ! C'était agréable de découvrir que les prêtres aussi avaient le droit de s'amuser avant de partir à l'aventure dans un lointain pays.

Par la suite, j'ai vu ma chambre. Lorsque j'ai ouvert la porte, j'ai remarqué un autre garçon à l'intérieur. Il y avait deux lits. Ça m'a découragé. Je devrais partager ma chambre !

Je devrais partager les douches et les toilettes !

Je n'y étais pas préparé. Je n'avais jamais partagé ma chambre avec quelqu'un d'autre. Ma sœur et moi avions des chambres séparées. Mais ici, je devais partager mon espace avec un gars que je ne connaissais même pas. C'était horrible!

Voilà le début de ma vie de noviciat.

LE MOINS POPULAIRE DE TOUT LE SÉMINAIRE

Vivre loin de chez soi pour la première fois est toute une expérience. Elle peut être positive, mais elle peut aussi devenir tout un défi.

Pour mes supérieurs, j'étais un mauvais garçon. Parmi mes collègues étudiants, je n'étais pas très populaire non plus.

J'avais de bonnes intentions durant mon noviciat, mais je n'étais pas bien préparé. J'aurais dû prendre une année de plus à moi avant le séminaire.

Mais je ne l'ai pas fait.

J'avais un bon sens de la répartie, mais ce n'était pas celui des Anglo-Saxons. Il était difficile pour moi de me faire des amis. Pourtant, je doute que mes blagues aient été la seule raison de mon manque de popularité. Il y a eu une série d'événements malencontreux qui n'ont pas rehaussé ma réputation. Une fois, j'ai presque brûlé une église entière.

LES FLAMMES SACRÉES

Je suppose que nous ne pouvons pas espérer que les autres aient une bonne opinion de nous lorsque nous les incendions, n'est-ce pas?

Eh bien, j'ai presque mis le feu à l'église entière.

C'est arrivé alors que je servais ma première messe de Pâques au noviciat avec des collègues étudiants. La messe était très tôt le samedi matin. J'étais habitué à me lever à 5 h tous les matins, mais celui-là me semblait particulièrement tôt.

Comme à tous les services du samedi, un certain nombre de cierges étaient allumés dans l'église. J'étais dans le chœur et, à un certain moment, je tenais allumé un candélabre à trois branches. Durant le service, on m'a demandé de poser le candélabre dans la sacristie, qui est une petite salle derrière l'autel. Alors je l'ai fait. Mais étant un séminariste très obéissant, je ne l'ai pas éteint par la suite, puisque personne ne m'avait demandé de le faire.

Chaque cierge avait une rondelle de carton autour pour recueillir la cire fondante. J'ai déposé le candélabre dans la sacristie, laissant les cierges brûler, et je suis retourné dans l'église rejoindre mes camarades pour la cérémonie. Les flammes ont embrasé le carton et les trois hautes flammes des cierges se sont rejointes pour en former une gigantesque.

Nous priions tous en silence quand j'ai senti une odeur de brûlé, et un vieux prêtre qui était près de la sacristie a fait de gros yeux, a levé les bras en l'air et a crié « Au feu ! ». Nous avons couru pour éteindre le brasier. Heureusement, personne n'a été blessé et l'église n'a pas brûlé.

Et la cire des cierges a coulé sur la table où j'avais placé le candélabre ! C'était une magnifique table de chêne, un meuble plutôt dispendieux. Grâce à l'obéissance du jeune séminariste Johns, la table porte maintenant une grande marque de brûlure, de la grosseur d'une assiette.

Cette histoire n'en est qu'une parmi tant d'autres qui ont créé une réaction légèrement négative de la part du pasteur de la paroisse. Il n'était pas très content... Je peux comprendre pourquoi !

UN GARÇON DE LA VILLE À LA FERME

Aujourd'hui, St. Mary's est un village d'un peu plus de 6 000 habitants. Il y en avait environ la moitié au milieu du XXᵉ siècle. La population de Montréal, en comparaison, était de plus d'un million dans les années 1950. Pour un garçon de la ville comme Emmett Johns, la communauté rurale de St. Mary's était pleine de surprises...

Tuer des poules est cruel.

Je le sais aujourd'hui et je le savais lorsque j'ai tué ma première poule. Sincèrement, je ne voulais pas la tuer.

Bien sûr, vivre dans un noviciat catholique n'implique pas seulement d'étudier. L'éducation prenait la majeure partie de la routine quotidienne, mais il y a bien plus dans la vie des futurs missionnaires que la théologie et la philosophie. Il y a aussi les corvées.

Pour moi, les corvées signifiaient de nombreuses carcasses de volaille.

Les corvées étaient importantes pour nos supérieurs au noviciat parce que c'était une autre manière pour eux de juger de nos capacités en vue des missions étrangères. En Chine, nous pourrions utiliser ces aptitudes telles que traire les vaches, nourrir les poules ou laver les planchers... en plus de manger du riz tous les jours! Si quelqu'un n'aimait pas le riz, n'aimait pas la volaille, ne savait pas traire une vache, nourrir les poules ou encore cirer le plancher convenablement, alors il n'était peut-être pas le meilleur candidat pour le voyage.

Je n'avais jamais visité une ferme auparavant. Le noviciat à St. Mary's étant à la campagne, il était structuré comme une fermette. Nourrir les poules était une des responsabilités des étudiants. Je ne connaissais rien de ces oiseaux mis à part que la nourriture entrait par le haut et que les œufs sortaient par le bas.

Un des prêtres était responsable de la miniferme. Il nous donnait les instructions, et nous nous partagions les diverses tâches dans la ferme et dans la maison. Chacun devait travailler deux semaines en tant que fermier. Deux semaines à nourrir les poules et à ramasser les œufs.

Le prêtre nous avait dit de les nourrir d'un bol de nourriture par jour. Quand est venu mon tour de jouer au fermier, tous les oiseaux ont commencé à mourir. Un à un. J'ai tué plus de poules que tout autre étudiant.

Lorsque la question fut soulevée, le prêtre a découvert que j'avais apparemment mal compris les instructions. Au lieu de leur donner un bol, je leur en donnais le double. Si elles mangeaient plus, elles produiraient de plus gros œufs. Le problème était que ces poules n'étaient pas faites pour produire de gros œufs. Elles n'avaient que de petites sorties. Les gros œufs causaient des hémorroïdes à ces pauvres créatures. Alors, lorsque les œufs sortaient, les oiseaux saignaient.

Les poules sont omnivores; elles mangent du grain, mais aussi de la chair. Elles aiment le sang. Ça les attire. Cela n'a pas pris beaucoup de temps aux oiseaux avant de commencer à s'entretuer. Quand on entrait dans le poulailler, il était facile de voir, à la manière dont se comportaient les autres, que quelque chose n'allait pas. Rapidement, mes supérieurs ont commencé à retrouver des poules mortes, et je suppose qu'elles n'étaient plus bonnes à manger, car le prêtre ne les apportait pas à la cuisine.

Mais là n'était pas l'objectif. L'objectif était pour moi de m'accoutumer à la manière dont fonctionne une ferme de poulets, parce que c'est ce que les paysans chinois possèdent, lorsqu'ils en ont la chance. S'ils n'en ont pas, le missionnaire peut leur fournir des œufs ou des poussins. Cela les aide à démarrer leur entreprise en vendant les œufs. C'est une bonne entreprise, particulièrement dans un pays où les gens mangent beaucoup d'œufs et de poules.

Si quelqu'un me notait sur mes aptitudes en tant que fermier, il me donnerait sans doute 0 sur 10.

CIRER ET LAVER

Laver les planchers correctement est une tâche très importante dans la vie d'un prêtre missionnaire.

Pourtant, avant de venir au noviciat, je ne le savais pas.

Ce que mes supérieurs attendaient de moi, je n'y étais pas préparé. Lorsque je suis arrivé à cette école, je ne m'attendais pas à ce que cela requiert des connaissances en lavage de planchers ! Ma mère lavait les planchers à la maison pendant que j'étudiais. Je ne savais rien de plus sur le lavage des planchers que sur le travail dans la cuisine ou sur la préparation de la nourriture. Je n'avais jamais fait toutes ces choses.

Mais les corvées sont les corvées et je voulais vraiment être un bon étudiant. Alors je me mettais à quatre pattes et je frottais avec toute mon énergie, sans oublier un seul pouce carré. Ensuite, j'appliquais la cire jusqu'à ce que le plancher se mette à briller et à miroiter. Pourtant, je remarquais qu'il ne brillait pas comme un plancher propre. En fait, il était plus sale qu'au départ !

Mon supérieur a rapidement trouvé ce que je faisais de mal lorsqu'il est venu me regarder le laver, étape par étape. J'ai appris que pour laver un plancher, il faut rincer et sécher la surface avant de la cirer.

J'avais tout raté ! Encore.

« CE N'EST PAS DRÔLE, EMMETT ! »

Certains anciens collègues de classe de Emmett Johns se souviennent de lui comme d'un élève tout à fait normal et ordinaire. Pourtant, son meilleur ami, le père Cleary Villeneuve, a une opinion différente…

Il avait une manière fâcheuse de remettre les gens à leur place. Lorsque quelqu'un faisait une erreur, Emmett en riait. Il riait très souvent des gens, d'une manière très provocante.

Quand un étudiant oubliait de sonner la cloche à l'heure, Emmett se payait sa tête.

Sonner la cloche était une grande responsabilité au séminaire. C'était un calvaire quand quelqu'un devait la sonner durant une semaine entière. S'il oubliait de le faire, les étudiants arrivaient en retard au dîner ou aux cours.

Oublier de sonner la cloche semblait un véritable supplice pour Emmett. Lorsque son tour venait, il n'oubliait jamais de la sonner.

Père Cleary Villeneuve

SPORTS ET PRÊTRISE

Au noviciat, les étudiants ne s'intéressaient pas qu'à la théologie. Les séminaristes apprenaient également le sport. Même si certains sports n'étaient pas inclus dans le programme d'études, ce n'était pas un problème pour l'énergique Emmett de les pratiquer...

Nous étions un groupe de jeunes hommes vivant sur une ferme. Nous devions donc faire quelque chose de notre corps! Pour cela, il y avait les sports.

Le hockey et le baseball faisaient partie du programme. Le directeur du noviciat tenait beaucoup au hockey, contrairement à moi, qui déteste le froid. Mais je devais y jouer de toute manière.

Je n'étais pas une vedette de hockey, mais je crois que j'étais assez bon sur la glace.

Le hockey dans une institution religieuse n'a rien à voir avec le jeu habituel. Nous y jouions sans contact. Les joueurs n'avaient pas le droit de toucher leurs adversaires.

À un moment donné, j'ai participé à une compétition entre séminaires ; je jouais à la position centre, à la première ligne. Les joueurs ne pouvaient pas pousser les autres participants. Nous jouions avec la rondelle, pas avec l'adversaire.

Habituellement, au hockey, les joueurs frappent l'adversaire et parfois la rondelle, mais principalement l'adversaire, parce qu'une fois qu'ils l'ont frappé, il est plus facile d'avoir la rondelle.

Je ne savais rien de tout cela lorsque je jouais au hockey au séminaire !

UN ARBITRE SÉVÈRE

Les sports ne sont pas qu'une question de jeu. Pour le jeune séminariste Emmett Johns, le plus important était l'arbitrage...

Emmett n'aimait pas beaucoup les sports.

Il jouait à la balle molle, mais n'attrapait pas la balle très souvent. Au hockey, il n'aimait pas vraiment jouer, mais il aimait arbitrer les parties.

Nous jouions au hockey tous les jours, entre 16 h et 17 h, les après-midis d'hiver. Emmett était un bon arbitre, mais très sévère. Si vous aviez une punition, il valait mieux ne pas discuter avec lui, car il ne cédait jamais.

Père Alex McDonald, ancien collègue
de classe du père Emmett Johns

EMMETT LE BOXEUR

Peut-être n'aimait-il pas beaucoup les sports, mais Emmett Johns a tout de même remporté un tournoi de boxe.

À l'âge de neuf ans, je me suis bagarré avec un garçon du voisinage. Ce fut une bataille très rapide: il m'a frappé au nez, j'ai commencé à saigner, et la bataille s'est terminée.

Il l'a remportée.

En marchant dans les environs de Scarboro, nous avions rencontré cinq garçons de la campagne. Le terrain de l'école faisait partie d'une ferme, et les enfants du coin ne faisaient pas trop attention à l'endroit où ils marchaient; ils passaient fréquemment sur la propriété.

Eh! n'a-t-il pas remarqué que son adversaire ne fait pas sa taille? Le jeune Emmett Johns, âgé d'environ 25 ans, s'exerçant à la boxe avec quelques enfants.

Ils se rendaient au village, puisque l'un d'entre eux prenait part aux *Golden Gloves*, une compétition de boxe amateur. Je ne connaissais rien à la boxe, mis à part ma médiocre expérience d'enfance. J'étais par ailleurs le plus petit du groupe.

Tout d'un coup, mes amis ont dit quelque chose aux boxeur. Je n'en crois toujours pas mes oreilles !

« Eh, pourquoi est-ce que tu n'affronterais pas l'un d'entre nous ? Emmett, par exemple ! »

Je n'ai même pas eu le temps de protester.

« Viens la semaine prochaine, au même endroit, à la même heure. Nous y serons, et toi et Emmett pourrez faire un match de boxe », ont-ils ajouté.

Quelle gentillesse ! Ils m'ont porté volontaire. On m'avait mis devant le fait accompli et, comme la plupart des jeunes l'auraient fait dans ma situation, je n'ai pas refusé parce que je ne voulais pas qu'ils croient que j'étais un « peureux ».

La semaine suivante, cet homme et ses amis se sont montrés, avec des gants de boxe pour moi. J'étais prêt : j'avais décidé de faire la même chose que cet enfant m'avait fait subir il y avait environ 10 ans.

Et je l'ai fait.

Je n'en reviens pas ! Je ne sais pas si j'ai suivi les règles convenablement. Tout ce dont je me souviens, c'est que nos gants se sont entrechoqués et que nous avons commencé à nous balancer d'un côté et de l'autre. Je me suis penché à droite, je l'ai frappé au nez et le sang a coulé.

Ce fut la fin du combat.

DE LONGS JOURS DE SOLITUDE

Toute institution religieuse est sévère. Le séminaire des Scarboro Missions ne faisait pas exception. La journée commençait tôt et l'horaire ne permettait aucun temps libre. Pour Emmett, cela ressemblait beaucoup à ce qu'il imaginait de l'armée...

Quand je suis arrivé à St. Mary's, je pleurais toutes les nuits durant la première semaine. Je n'étais pas habitué à ce régime de vie militaire, qui était tout à fait normal dans les institutions religieuses, comme je l'ai appris plus tard.

En un sens, nous n'avions pas un si mauvais système, mais il était routinier. Chaque jour se ressemblait. Nous nous levions à 5 h 30 et devions être à la chapelle pour la méditation à 6 h, suivie de la messe à 6 h 30. À 7 h 15, nous déjeunions à la cafétéria. Nous devions manger dans un silence complet, sauf dans les rares occasions où nous avions un invité à la cafétéria et où il nous était permis de communiquer. Les repas terminés, nous quittions la cafétéria et nous pouvions parler, mais uniquement à certains endroits précis. Par exemple, les étudiants pouvaient discuter au rez-de-chaussée, mais seulement à certains moments.

Nous ne partagions jamais la table des professeurs. Nous ne parlions pas avec eux. Les professeurs vivaient leur vie et nous vivions la nôtre. Notre vie, certains la comparaient à une académie militaire. La discipline était en effet très sévère.

Vous ne pouvez pas vous imaginer combien d'élèves ont été mis à la porte pour avoir brisé la règle du silence.

Après le déjeuner, il y avait les cours et les activités sportives obligatoires. Ensuite le souper, suivi d'une heure de récréation, où nous pouvions enfin socialiser. À 20 h, la cloche sonnait. De 20 h à 8 h, nous ne pouvions pas parler.

Une autre chose que nous ne pouvions pas faire : aller dans la chambre des autres séminaristes. Nous pouvions aller à leur porte et y cogner. Nous n'étions pas supposés, mais nous pouvions le faire. L'autre garçon se rendait à la porte, mais nous ne pouvions pas entrer dans sa chambre.

Il y avait bien sûr une raison derrière une discipline si stricte. Si les séminaristes arrivaient à composer avec des conditions presque militaires qui régnaient à St. Mary's, ils deviendraient de grands missionnaires en Chine, où la vie était encore plus difficile. Après tout, à St. Mary's, nous ne mangions pas du riz toute la journée, non?

J'étais le seul Montréalais au noviciat. Pour cette raison ou pour une autre, je n'y ai jamais eu de véritables amis. Pourtant, chose intéressante, nous ne devions pas avoir d'amis spéciaux. Ce n'était pas considéré comme étant approprié pour un prêtre. Peut-être que cela avait un lien avec le célibat, ou peut-être avec l'homosexualité. Je n'ai jamais su pourquoi.

Il m'a été très difficile de ne pas quitter le séminaire à la fin de cette première semaine. Mais je ne voulais pas abandonner si facilement. Je voulais devenir missionnaire et j'étais prêt à surmonter tous les obstacles pour parvenir à mon but.

Malgré tout, j'étais très seul. Ma mère me manquait, Montréal me manquait. Les soirs, avant d'aller au lit, je devais prier à la chapelle. De cet endroit, à la même heure tous les soirs, j'entendais le train passer, un train se rendant d'abord à Toronto, puis à ma ville natale. Mes yeux se remplissaient de larmes.

DE RETOUR CHEZ MAMAN

J'ai sauté d'excitation durant au moins 15 minutes lorsque la fin des 10 mois de noviciat est finalement arrivée.

Je savais que je verrais ma mère très bientôt, et cela remplissait mon cœur de joie. Oui, j'avais presque 20 ans. Mais je voulais vraiment retourner à Montréal, ne serait-ce que pour l'été.

Avant de quitter, le supérieur du noviciat a annoncé que nous étions tous considérés comme candidats au séminaire de Toronto et que nous recevrions la réponse au cours de l'été. Je suis retourné à la maison et, en juillet, j'ai attendu la lettre, qui n'est jamais arrivée.

Je n'étais pas fâché ni inquiet. J'étais certain que mes supérieurs étaient satisfaits de ma performance, alors j'ai surtout blâmé la poste pour la perte d'un document si important. Au début du mois d'août, j'ai pris l'initiative de contacter le séminaire, leur demandant s'il y avait eu une erreur d'adresse. Rapidement, j'ai reçu une réponse.

Non, il n'y avait pas d'erreur avec l'adresse. Ce n'était pas la faute de la poste. Ce que j'ai finalement reçu était une réponse qui disait quelque chose comme ceci: « Nous n'avions pas considéré votre candidature au séminaire, mais nous avons réfléchi et nous avons décidé de vous offrir une deuxième chance. »

« Ouch ! »

DEUXIÈME CHANCE DANS LA VIE

Les deuxièmes chances ne sont pas toujours faciles à saisir. De nouveau, Emmett Johns s'est rendu à Toronto pour poursuivre ses études.

La vie n'était pas simple pour les jeunes séminaristes. Ils ne pouvaient jamais quitter le terrain de l'école, sauf durant l'été et les jours de congé – trois par année, où ils pouvaient sortir des grilles du séminaire et se promener à Toronto, aller magasiner ou regarder un film. Un des jours de congé avait lieu immédiatement après la retraite de trois jours au début de septembre, un autre après l'examen de mi-session en février et un dernier avant les vacances d'été. Ces jours-là, les étudiants devaient être de retour au séminaire pour 18 h le soir même.

Durant la quatrième année, la sœur de Emmett, Frances, qui faisait partie des Ice Capades, est venue à Toronto. Emmett a obtenu une permission du recteur du séminaire pour que lui et quatre autres étudiants puissent se rendre au centre-ville. Ce n'était pas un jour de congé, alors il nous faisait une grosse faveur. C'était une magnifique journée, un divertissement superbe!

J'ai rencontré Frances ce jour-là. Elle savait que Emmett y était et elle est venue nous voir durant l'entracte.

Ils s'aimaient beaucoup et je crois que cette relation spéciale existe toujours.

Père Linus Wall, ancien collègue de classe du père Emmett Johns

«ILS NE M'AURONT PLUS!»

L'impopularité de Emmett Johns au séminaire le faisait douter de sa capacité à mener à terme ses études et à accomplir son rêve d'aller en Chine. Parfois, il était si préoccupé qu'il partageait ses inquiétudes avec son meilleur ami...

Il y avait des gens à l'école avec qui Emmett ne s'entendait pas du tout. Je sais qu'il n'aimait vraiment pas au moins deux professeurs.

Au séminaire, nous devions prêter serment tous les ans. Par la suite, il y avait le serment perpétuel, où les étudiants devenaient membres de la Société.

Juste avant le serment final, Emmett est venu à ma chambre et m'a dit: «Trois ou quatre jours de plus et ils ne pourront plus me jeter à la porte!»

Je sais qu'il a toujours soupçonné qu'il serait renvoyé.

Père Cleary Villeneuve, ancien collègue de classe du père Emmett Johns

PARTI POUR DE BON

Après avoir complété deux ans à la faculté de philosophie du Séminaire Saint-François-Xavier, où l'on enseignait, en plus de la philosophie, le chinois et l'espagnol, j'ai continué en théologie au Séminaire Saint-Augustin pour la première des quatre années.

La première année est particulièrement importante: lorsqu'elle est terminée, les séminaristes reçoivent la tonsure, ce qui signifie que leur tête est rasée d'une façon spéciale. Ensuite, ils font une retraite et prononcent leurs vœux temporaires. À la cérémonie, les aspirants à la prêtrise sont nommés Membres de la Société.

Avant de commencer la retraite à la fin de ma première année, le doyen du séminaire m'a fait appeler. Je me suis souvenu de la fois où j'avais reçu des coups dans le bureau du directeur de mon école primaire après avoir enseveli un enfant sous la neige avec quelques camarades. Je me demandais si je subirais la même punition cette fois-ci.

Mais c'était différent. Il ne m'a pas frappé. Il m'a simplement demandé de partir, après m'avoir dit que j'avais commis presque tous les péchés inimaginables durant mon séjour au séminaire. Apparemment, la décision du conseil était à l'effet que je n'avais pas la vocation de missionnaire.

Il m'a demandé de ramasser mes effets personnels et de prendre le premier train le lendemain après-midi en direction de Montréal.

Il m'a également dit que je pourrais aller travailler dans l'Ouest canadien, où il y avait un manque de prêtres et où je travaillerais seul. Parce que, selon lui, je n'arrivais pas à m'entendre avec les autres. La principale cause de mon expulsion était mon impopularité auprès des autres étudiants.

Amusant, n'est-ce pas?

J'avais du mal à me voir travailler seul dans l'Ouest. La seule explication que je voyais à la raison donnée par le doyen, c'étaient mes blagues typiquement canadiennes-françaises. J'aurais dû me taire et tout se serait bien passé.

Dire que je serais missionnaire en Chine aujourd'hui... Il n'y a rien de drôle à propos de cette expérience, particulièrement parce qu'à la maison, tous croyaient que j'étais un jeune homme formidable qui étudiait pour devenir un prêtre missionnaire, pas un simple prêtre. Plusieurs furent étonnés et déçus, moi y compris.

«Ouch!» de nouveau.

LES GENS DE SCARBORO DISPARAISSAIENT TOUT SIMPLEMENT...

Emmett Johns n'est pas le seul à ne s'être jamais rendu jusqu'à la graduation. Les gens se faisaient mettre à la porte pour toutes sortes de raisons. La plupart des étudiants à Scarboro préféraient croire qu'il avait simplement décidé de quitter le séminaire...

Les étudiants n'ont jamais vraiment su ce qui était arrivé. On ne nous en parlait pas si quelqu'un était expulsé.

Nous arrivions au déjeuner et certains n'étaient pas présents. Il ne m'a jamais dit pourquoi il nous quittait. Je suis tout simplement descendu pour le repas une journée et il n'était plus là.

Père Alex McDonald, ancien collègue de classe
du père Emmett Johns

«QUEL DOMMAGE QU'IL SOIT PARTI!»

Emmett Johns a été expulsé du séminaire de la Scarboro Foreign Missions Society après quatre années d'études. On lui a dit qu'il n'avait pas la vocation de missionnaire. Plus de cinq décennies plus tard, il est âgé et célèbre: célèbre pour tout ce qu'il a fait en tant que missionnaire dans la jungle urbaine de Montréal, prenant soin des jeunes de la rue depuis plus de 18 ans...

Récemment, une de mes amies, une sœur, a visité les Scarboro Missions et a discuté avec leur nouveau supérieur. Il ne m'a jamais connu, mais il a apparemment entendu parler de mon œuvre Dans la rue. Ce qu'il lui a dit me fait rire: «Oh, quel dommage qu'il ait quitté notre séminaire avant d'obtenir le titre!»

Je n'ai jamais quitté. Mais il semble que les choses ont changé du tout au tout maintenant.

LA CHINE DEMEURE UN RÊVE

À un moment de mon adolescence, j'ai travaillé dans une épicerie. Le propriétaire avait deux fils. L'un d'eux, Ted, est entré dans une communauté religieuse avant moi et a étudié pour devenir un frère enseignant.

Quand je suis entré au Séminaire de Toronto, Ted participait à l'ordination d'un évêque. Plus tard, j'ai participé à la cérémonie où il a été nommé évêque d'un diocèse en Chine.

Ted se dirigeait vers la Chine, mon pays de rêve! Je l'enviais beaucoup. C'était au début des années 1950. Ted y est allé par bateau, en passant par le canal de Panama et en remontant la côte ouest. Il s'est rendu aussi loin que Vancouver avant de décider qu'il valait mieux y aller par les airs à cause de l'armée rouge des communistes chinois, qui avait mobilisé tout le fleuve Yangtze. La vague rouge se déplaçait vers le sud de la Chine.

Ted a réussi à arriver en Chine avant la vague rouge. Par contre, peu après son arrivée, il a été emprisonné durant cinq ans. Il ne savait pas s'il allait être exécuté ou gardé prisonnier pour la vie, mourant de faim dans sa cellule.

Avant de quitter le Canada, Ted savait que ce ne serait pas facile pour lui, pour ne pas dire dangereux. Mais il est parti tout de même parce que c'était son devoir; il avait été appelé. C'est un homme héroïque.

Je croyais que j'étais appelé, moi aussi.

En un certain sens, j'y pensais comme quelqu'un qui joignait une armée. Il y avait toutes sortes de raisons derrière la décision des futurs soldats. Ils s'appelaient des patriotes, mais ce n'est pas très patriotique. C'est plutôt pour le plaisir de faire partie du groupe, c'est une nouvelle aventure.

Être missionnaire est assez amusant. Vous travaillez avec d'autres gens dans un village de Chine où vous êtes la seule personne blanche. Tout le monde vous connaît et est heureux de vous avoir dans son village. Vous essayez de les convertir au christianisme. Si vous réussissez, vous en êtes heureux, et eux le sont également. Pendant ce temps, vous devez vous occuper d'eux, souvent dans des conditions minimales, sans aide sociale ni médicale. Cela peut aller de bander la jambe brisée d'un homme à l'enterrer parce qu'il a été tué à coups de hache ou parce qu'il a servi de cible aux communistes.

Être missionnaire à l'étranger est toujours une aventure, bien plus que de rester prêtre dans une ville canadienne. C'était un de mes motifs. Voilà pourquoi j'ai été étonné, renversé et profondément blessé d'avoir été mis à la porte du séminaire sous le prétexte de «ne pas avoir la vocation de missionnaire!»

* * *

J'ai pourtant tenté une dernière fois quelque chose en ce sens.

Ne voulant pas avoir gaspillé mes années d'études, j'ai obtenu une entrevue dans une autre communauté de missionnaires à l'étranger, située dans la ville de New York.

Ma rencontre avec le directeur des vocations a été étonnamment brève.

« Monsieur Johns, vous avez eu quatre années pour montrer ce dont vous êtes capable aux pères missionnaires de Scarboro. Je suppose que vous n'êtes bon à rien. Fin de l'histoire », a-t-il dit après avoir regardé mon dossier et avoir écouté ce que j'avais à dire.

C'était assurément la fin de mon histoire en tant que missionnaire à l'étranger...

Et la fin de mon rêve de partir en mission en Chine.

LE GRAND SÉMINAIRE DE MONTRÉAL

Emmett Johns ne savait plus où aller après avoir été renvoyé du séminaire. Tous ses plans d'avenir étaient en lien avec la Chine. Il est retourné à Montréal faire face à sa mère et à ses amis, qui étaient tous très déçus. Mais ce n'était pas la fin du monde.

Il a été accepté au Grand Séminaire de Montréal, où il a été pensionnaire durant trois ans.

Aujourd'hui, six décennies plus tard, il s'assoit dans sa chambre dans ce même séminaire. Il y avait gradué avec un baccalauréat en théologie à l'âge de 24 ans et y est revenu au crépuscule de sa vie.

Pour lui, chaque chambre, chaque marche de l'escalier central et chaque coin du grand hall décoré magnifiquement d'un orgue, où les futurs jeunes prêtres se rassemblent pour la messe, sont remplis de souvenirs.

C'était très différent de Scarboro.

Il y avait 300 étudiants là-bas, tous des pensionnaires. Puisque nous étions nombreux, il était possible de se tenir loin des recteurs. À Toronto, nous n'étions que 30 et il était impossible de s'effacer dans la foule.

Vous ne pouviez pas sortir de l'édifice sans permission. C'était comme une prison. Cette permission était donnée rarement, à l'exception d'obsèques ou d'un autre événement important.

Puisque j'étais dans un environnement francophone, mes blagues étaient bien acceptées ici. Cela a rendu les choses plus faciles pour moi. L'autre côté de la médaille était qu'à Toronto, les cours étaient donnés en anglais et à Montréal, en latin. Je n'avais étudié le latin que deux ans au secondaire et en plus j'avais échoué à l'examen la deuxième année.

Une journée heureuse, quelques minutes après que le jeune Emmett Johns a été ordonné prêtre. En compagnie de sa mère et de sa sœur aînée, Frances, après la cérémonie d'ordination, le 7 juin 1952.

Enfant, je voulais vraiment apprendre à jouer du saxophone. Pour ces cours, je devais manquer ceux de latin, qui se donnaient en même temps. Lorsque l'examen de latin a eu lieu, en décembre, j'ai échoué. Puisque c'était une matière obligatoire, mes parents m'ont dit qu'il serait préférable que j'abandonne le saxophone.

Finalement, je n'ai jamais été joueur de saxophone et je n'ai jamais été doué en latin non plus.

Le premier test que j'ai fait en théologie morale au Séminaire de Montréal portait ce commentaire du professeur au haut de la page : « Votre latin est boiteux, soignez votre écriture. »

Deux semaines avant l'examen final de ma dernière année, le prêtre secrétaire en charge des dossiers et des notes m'a fait appeler.

« Je viens de découvrir qu'il vous manque deux crédits pour être admissible à l'examen final », a-t-il dit, tenant mon dossier entre ses mains.

« Qu'est-ce que cela signifie ? Que je ne graduerai pas ? » ai-je demandé, inquiet. J'avais étudié très fort pour cet examen, qui était très important.

« Je crains que vous ne pourrez pas le passer. Vous allez tout de même graduer et obtenir un diplôme de baccalauréat en théologie », a répondu le prêtre secrétaire.

Espérant changer les choses, j'ai parlé avec mon superviseur. Confiant, je lui ai dit que je reviendrais l'année suivante pour obtenir les deux crédits manquants.

Sa réponse était prévisible.

« Si Dieu avait voulu que vous obteniez un diplôme de doctorat, il ne vous aurait pas nommé vicaire de paroisse », a-t-il dit d'un ton morne.

À l'époque, il était aisé pour les professeurs de citer Dieu. Ils avaient supposément une ligne directe avec le grand

Patron et ils pouvaient vous dire ce qu'Il attendait de vous.

Si j'avais obtenu le diplôme, cela aurait pu me mener vers une autre direction. Je serais peut-être devenu professeur. Après avoir finalement gradué du Séminaire de Montréal, j'ai été ordonné prêtre.

Et même si je n'étais pas très emballé à l'idée de devenir prêtre dans un diocèse, travailler dans une paroisse de Montréal était tout de même mieux que de ne pas être prêtre du tout.

CHAPITRE 3

PÈRE EMMETT JOHNS

*« Emmett, pourquoi penses-tu que lorsque
les prêtres sont jeunes, ils sont si gentils
et qu'en vieillissant, ils ne le sont plus ? »*

Mona Guilfoyle, mère du père Johns

Jeune et plein d'espoir, devant
sa première église, St. Monica, en 1953.

D'UNE PAROISSE À L'AUTRE

Une fois sorti du séminaire, Emmett Johns est finalement devenu le père Johns.

À cette époque, un prêtre ne pouvait pas choisir où il commencerait sa carrière. Père Johns a été assigné à une paroisse particulière et ses préférences n'ont pas été prises en compte.

Au début, un jeune prêtre était vicaire de paroisse. Il travaillait de pair avec son supérieur, le curé, une personne qu'il ne connaissait pas, mais qui possédait toute l'autorité.

Ma mère m'a demandé une fois: «Emmett, pourquoi penses-tu que lorsque les prêtres sont jeunes, ils sont si gentils et qu'en vieillissant, ils ne le sont plus?»

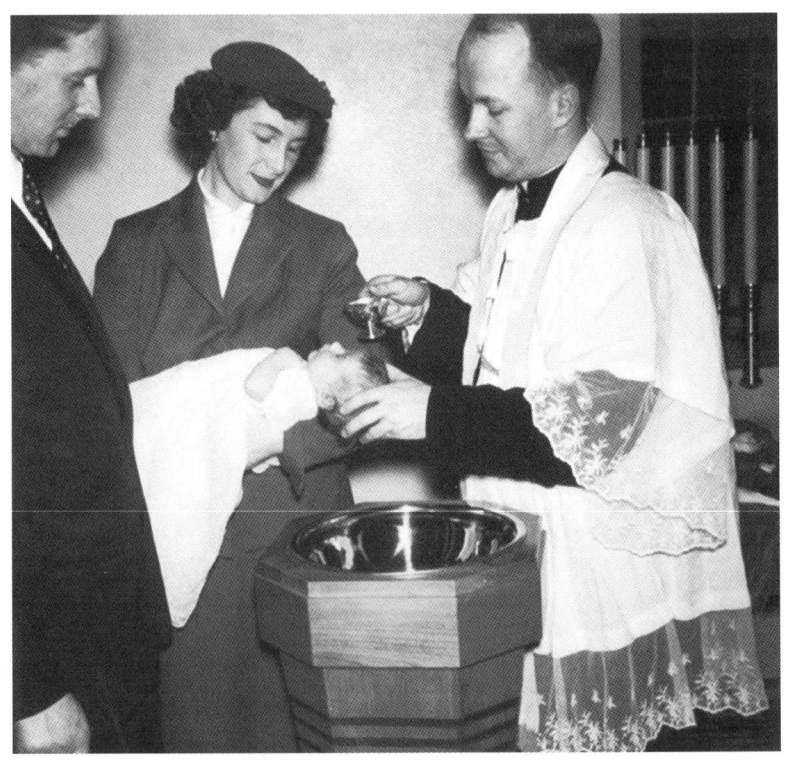

Le père Johns en tant que jeune prêtre à sa première église, St. Monica, en 1953.

La réponse était simple. Lorsqu'un prêtre est jeune, il a des espoirs. Mais rester 20 ans sous l'autorité de son supérieur, considérant que ce dernier ne traite pas toujours son assistant très bien, change son attitude. Avec le temps, son humeur se détériore et il devient grincheux. Par conséquent, il est moins gentil, y compris avec ses paroissiens.

* * *

En un beau jour ensoleillé après mon ordination, j'ai reçu une lettre disant de me présenter à la paroisse St. Agnes. C'était mon premier emploi. J'étais content, puisque c'était la paroisse où j'ai passé mon enfance.

Par contre, ma joie ne dura pas très longtemps.

Juste avant de commencer mon travail à cet endroit, pour une raison que j'ignore, les responsables du diocèse ont décidé de m'assigner ailleurs. J'allais maintenant être à St. Monica dans le quartier Notre-Dame-de-Grâces, où j'ai habité durant 10 mois.

J'ai changé de paroisse plusieurs fois à partir de ce jour-là. Après St. Monica, j'ai été muté à Our Lady of Fatima à Saint-Laurent, où j'ai passé huit ans. Ensuite, j'ai changé pour la paroisse St. Anthony dans la Petite-Bourgogne, une église qui n'existe plus aujourd'hui, puisqu'une autoroute y passe. Après quelques années à cet endroit, j'ai été envoyé à Rosemont. Après plusieurs mois à m'habituer à la paroisse et aux paroissiens, j'ai encore déménagé.

Cette fois, le changement était plus draconier. J'ai commencé à travailler en tant que prêtre à l'hôpital psychiatrique Douglas de Montréal, l'institut de santé mentale affilié à l'Université McGill. J'y suis resté six ans. Au même moment, j'ai travaillé à l'école de détention pour jeunes filles Marion Hall. Un peu plus tard, en 1967, j'ai été muté à une autre école pour filles, l'Académie Queen of Angels.

Il y a eu la paroisse St. John Fisher à Pointe-Claire, où je suis resté 12 ans, et finalement la paroisse Resurrection à Lachine, durant deux ans, la dernière avant de commencer le projet Le Bon Dieu dans la rue... Mais ne nous aventurons pas trop loin dans les récits.

«LES FILLES SERONT TOUJOURS DES FILLES!»

J'avais 24 ans quand on m'a assigné ma première paroisse. À l'époque, les enfants étaient sous la responsabilité des jeunes prêtres. J'enseignais le catéchisme dans les écoles, et je devais jouer au hockey et au football avec les étudiants.

Les écoles n'étaient pas mixtes à ce moment-là. Les garçons et les filles allaient dans des institutions différentes!

J'ai causé bien des ennuis à un garçon une fois. Durant la classe, un jeune homme roux est venu à mon bureau et m'a montré ses paumes. Elles étaient d'une couleur bleu-noir peu habituelle, et cela m'a pris quelques secondes à comprendre qu'elles étaient complètement couvertes d'encre. C'était comme s'il avait littéralement trempé ses mains dedans! Un pot d'encre était au coin de chacun des bureaux, et il était distrayant pour les garçons de s'amuser avec celui-ci. Je lui ai dit d'aller se laver les mains dans le hall. C'était une erreur.

Au moment où l'étudiant est sorti de la classe, le directeur de l'école faisait sa ronde de surveillance en se promenant dans l'établissement. Les élèves n'étaient pas supposé se promener dans les corridors durant les heures de classe. Sans même en demander la raison au garçon, le directeur a décidé de le punir. Le garçon a reçu une demi-douzaine de coups de sangle de cuir sur les mains, puis il a été ramené à la salle de cours.

C'était un garçon, donc il n'allait pas pleurer. Les larmes coulaient sur ses joues malgré lui, mais il ne pleurait pas.

Cinq minutes plus tard, lorsque j'ai posé des questions à la classe, cet élève levait sa main pour répondre.

Les filles, par contre, étaient à l'opposé des garçons. Un jour, j'enseignais dans une école pour jeunes filles. L'une d'elles ne cessait de parler, de gigoter, de tourner sur sa chaise. Je me suis approché d'elle et je lui ai dit que si elle ne se calmait pas, je devrais l'envoyer dans le corridor. Je n'ai jamais mis cette menace à exécution, mais elle ne m'a plus adressé la parole durant six semaines!

Les filles seront toujours des filles!

MONITEUR DE TIR POUR LA POLICE

Père Johns était jeune, plein d'énergie, plein de vie. Il aimait l'aventure, il aimait les gens et il avait des passe-temps. Certains d'entre eux étaient par contre un peu inhabituels.

À la paroisse Our Lady of Fatima, à Saint-Laurent, il y avait un groupe de jeunes de l'Association jeunesse catholique (A.J.C.). Une fois, à la rencontre, j'ai mentionné que j'avais un fusil.

Les voici, les braves hommes de la police de Saint-Laurent! Parmi eux, au milieu du deuxième rang, le jeune père Johns.

Ma mère me l'avait acheté lorsque j'étais au secondaire. Le fusil valait 100 $; fabriqué en Tchécoslovaquie, c'était une arme de très bonne qualité.

Je ne suis allé chasser qu'une seule fois, alors que je venais d'être ordonné prêtre.

Je me souviens de cette chasse. Nous étions quatre: un médecin, un policier, un fossoyeur et moi-même. Nous étions saufs: le policier ne nous arrêterait pas si nous faisions quelque chose de mal, le médecin pourrait nous soigner en cas d'urgence, le fossoyeur pourrait nous enterrer si nous nous tirions l'un l'autre ou si nous étions mangés par un ours et je réciterais des prières pour eux!

Durant la chasse, je n'ai vu qu'un seul animal. C'était un lapin gris, sautillant dans un champ.

Agité, j'ai visé et j'ai tiré.

Je l'ai manqué!

Quelques secondes plus tard, j'étais content de ne pas avoir atteint ce petit ami à fourrure. J'aurais été très mal à l'aise d'avoir tué cette pauvre créature.

Lorsque j'ai dit aux enfants que j'avais une arme, les yeux d'un d'entre eux brillaient d'intérêt. Il a dit qu'il en avait une à la maison lui aussi. Un autre a avoué que son père en avait une également. Ceux qui n'en avaient pas étaient néanmoins très intéressés à apprendre comment tirer.

C'est ainsi que notre club de tir du samedi matin est né.

Nos pratiques avaient lieu dans un local du collège.

Un peu plus tard, la police de la ville en a entendu parler.

Je me souviens du premier jour où ils sont venus. De grands hommes bâtis, en uniforme, portant tous leur fusil dans leur étui de cuir noir, me regardaient avec attention et curiosité enseigner aux enfants comment tirer.

Lorsque la classe fut terminée et les enfants partis, un des officiers s'est approché de moi.

« Vous êtes un grand tireur, mon père », dit-il, tendant la main et se présentant à moi.

« Merci Monsieur, répondis-je, les enfants semblent apprécier mes cours également. »

« Aimeriez-vous nous enseigner à tirer, mon père ? Voyez-vous, nous n'avons pas de moniteur de tir, et quel genre de policier est incapable de se servir de son fusil ? » dit-il.

Voilà. Je suis devenu moniteur de tir pour la police.

LE MEILLEUR TIREUR DES FORCES DE POLICE

J'ai donc appris aux policiers comment tirer.

En dehors des leçons, ils utilisaient rarement leur fusil. Plusieurs ne tireraient jamais durant leur carrière entière en tant qu'officier de police.

Lors de l'embauche, chaque homme recevait un fusil et environ une douzaine de balles. Ces balles étaient employées d'une manière assez étrange.

Tout d'abord, six balles étaient chargées dans le révolver le jour où l'officier le recevait. Ensuite, les policiers se rendaient à un dépotoir près de la limite de la ville, un endroit apprécié des gros et sordides rats. Ils tentaient d'atteindre les animaux. Six coups, six balles. C'était un jeu et très peu d'entre eux arrivaient à toucher une des pauvres créatures.

Après cela, les officiers prenaient les cartouches vides, les remplaçaient par de nouvelles et remettaient le fusil dans l'étui.

Plusieurs n'y touchaient plus jamais. Vingt-cinq ans plus tard, c'était toujours le même fusil, avec les mêmes balles.

Étonnamment, le maire de Saint-Laurent m'a permis de remplir mon rôle de moniteur de tir pour la police. Une fois par semaine, pour deux ou trois heures, le service de jour venait au champ de tir, suivi du service de soir.

Cela a duré deux ans.

Je me suis exercé avec les policiers et je suis devenu assez bon avec les armes à feu. À un moment donné, j'avais deux armes : un révolver de calibre .38 et un Colt automatique de calibre .45. J'étais presque le meilleur des forces de police. J'en étais venu au point où je devais utiliser ma main gauche pour ne pas obtenir un score parfait ! Avec la main gauche, j'avais habituellement un 9 sur 10 à la cible.

J'étais imbattable, ou presque.

Il tire ici de la main droite mais, même de la gauche, il atteignait toujours la cible !
Le père Johns (à droite), s'exerçant au tir au département de police de Saint-Laurent.

«IL ÉTAIT DIFFÉRENT»

Un prêtre qui enseigne à tirer avec une arme à des policiers est assurément hors du commun. Cela a définitivement aidé le père Johns à créer des amitiés à long terme avec certains officiers de police de Saint-Laurent.

Ces amitiés l'ont beaucoup aidé dans ses projets futurs, comme avec Dans la rue, quelques années plus tard.

Tous les policiers du département de police se souviennent du jeune et enthousiaste prêtre... armé d'un fusil.

Le père Johns n'était pas un prêtre comme les autres.

Il était un homme merveilleux, et nous l'aimions et le respections.

Il a dû être flatté lorsque nous lui avons demandé de rester et de nous enseigner parce que nous croyions qu'il était incroyablement habile. Je me souviens qu'il a même organisé des compétitions pour nous. Une fois, j'ai gagné et j'étais très fier qu'il m'ait serré la main.

Bien entendu, nous avions d'autres moniteurs de tir ; ils étaient tous policiers.

Père Johns était différent et assurément très spécial.

Léopold Synnott, policier retraité
de Saint-Laurent

UN VOLEUR HÉROÏQUE

« Un voleur regrette d'avoir été attrapé, non d'être un voleur. »

C'est un dicton bien connu, mais une situation m'a prouvé le contraire.

Un jour, quand j'étais posté à Saint-Laurent, un garçon de 12 ans a volé un bâton de hockey dans un magasin de sport du quartier. Quelques jours plus tard, il y est retourné, avec le bâton en main. Il ne croyait pas que les caissiers le reconnaîtraient et l'arrêteraient, mais ils l'ont fait. Ils l'ont attrapé et ont appelé la police.

Je suis arrivé au même moment qu'un policier. Je connaissais la famille du garçon, ou plutôt ce qui en restait. Son père était alcoolique et cela faisait des mois qu'il combattait sa dépendance à l'alcool. Avant que les officiers amènent le garçon en détention, je me suis approché du sergent.

«Regardez, lui dis-je en l'amenant plus loin, si vous vous rendez à la maison de ce garçon et dites à son père qu'il a été arrêté pour vol, il sera si en colère qu'il recommencera à boire. Cela n'aidera pas la situation et ne fera que l'empirer.»

«Le sergent a dit que mon raisonnement était plein de bon sens et il a simplement oublié l'histoire.»

* * *

Quelques années plus tard, le même jeune homme est devenu pompier.

Les gens du coin étaient étonnés, particulièrement ceux qui se souvenaient du malencontreux événement du bâton de hockey. Ils étaient certains que rien de bien n'arriverait à ce garçon.

Un soir sombre du début de l'automne, la résidence d'un médecin s'est enflammée. L'homme était le père de 11 enfants. Lorsque les éclaireurs sont arrivés sur place, ils ne comptaient que 10 enfants sur les lieux de l'incendie.

La maison brûlait depuis au moins 15 minutes lorsque les pompiers sont arrivés; les flammes illuminaient le ciel et la noirceur de la nuit. La femme du médecin pleurait, couchée sur le sol, en pleine hystérie.

L'instant d'après, avant que personne ne s'en rende compte, l'ancien voleur de bâton de hockey bondissait dans les flammes. Tout le monde s'écria en chœur: «Oh!», retenant tous leur souffle dans l'attente de ce qui allait se passer.

L'enfant était en vie!

Caché sous le lit de ses parents, il avait réussi à se protéger des flammes. Il y avait là une poche d'air, ce qui l'a sauvé de l'asphyxie. Cela a pris environ une minute au brave sauveteur pour l'en sortir, le transportant le plus bas possible pour qu'il ne respire pas la fumée. Le pompier a rendu à sa mère l'enfant en larmes.

Nous avons levé notre chapeau à ce jeune homme.

Il était maintenant un héros pour la ville. Il le méritait bien.

UN BANDIT MALCHANCEUX

Les paroissiens sont des êtres humains et ils peuvent être bons ou mauvais.

Ils peuvent même être des criminels.

Un garçon à Saint-Laurent a grandi pour devenir voleur de banque. Durant sa carrière, il a commis deux vols mémorables, l'un moins heureux que l'autre.

Il a d'abord tenté sa chance dans une banque locale. Tout se passait bien. Ses poches étaient pleines d'argent quand les policiers sont arrivés. Il les a vus avant qu'ils ne soient trop près et il s'est mis à fuir. Les balles volaient autour de lui et il a été touché à quelques reprises, mais il a réussi à se sauver.

Il a ensuite décidé de passer aux banques internationales. Sa destination suivante était la ville de New York. Avec quelques amis, il a commis un vol de banque qu'il a réussi et il s'est enfui avec un sac à dos rempli d'argent.

Le groupe s'est arrêté dans un motel pour la nuit et la première chose qu'ils ont voulu faire a été de se diviser le butin. Le moyen le plus simple de le faire? Vider le sac sur le lit et compter l'argent.

Leur rêve réalisé, il ne restait plus qu'à fêter. Cela les a cependant menés à leur perte.

Les hommes ont appelé le bureau d'accueil, commandant des bouteilles de scotch. Lorsque le serveur est arrivé avec les bouteilles, il a vu tout cet argent sur le lit et les quatre hommes en train de le compter. Les yeux lui sont presque sortis des orbites.

La suite? Eh oui, il a appelé le FBI!

Avant même que les infortunés criminels n'aient terminé de compter, le FBI est entré dans leur chambre et les a arrêtés.

Pas de chance!

LA PATROUILLE DE NUIT

Il n'est jamais vraiment sécuritaire pour une femme d'errer la nuit.

Une nuit, une adolescente est venue au presbytère à Saint-Laurent et a sonné à la porte. C'était fermé depuis minuit. Je suis donc descendu lui ouvrir.

Ses yeux étaient rouges et enflés. Je ne suis pas médecin, mais je pouvais dire qu'elle avait pris des drogues. Elle voulait me parler, alors nous sommes allés dans mon bureau et nous nous sommes assis sur un sofa. Elle essayait de dire quelque chose mais n'y arrivait pas. Elle n'arrivait même pas à rester calme.

Cinq minutes plus tard, elle s'est relevée en sursaut et s'est enfuie de la maison. Je savais qu'elle n'habitait pas dans les environs et que, dans son état, elle pouvait être en danger dans la rue. J'ai appelé la police.

Je n'avais pas l'intention de la faire arrêter; je voulais simplement qu'elle se rende en sécurité jusque chez elle.

Alors, nous étions deux policiers et moi, conduisant doucement derrière la voiture de la jeune femme. Nous croyions que nous étions assez loin pour qu'elle ne nous voit pas, mais assez près pour être certains que personne ne lui cause d'ennuis.

À un moment donné, elle s'est retournée et a vu la voiture de police. Pétrifiée, elle s'est cachée entre les maisons. Nous avons conduit dans les alentours, essayant de la trouver afin de la ramener chez elle. Mais elle s'était sauvée.

Nous étions dévastés. J'étais certain que quelque chose de mal allait se produire. Mais lorsque nous sommes arrivés chez elle et avons cogné à la porte, elle était déjà de retour.

Il était 3 h du matin.

EMBRASSER LA BLARNEY STONE

Johns rêvait de devenir missionnaire et de visiter des contrées lointaines. Au lieu de cela, il est devenu un prêtre « stationnaire », mais son désir de voyager ne s'est jamais éteint.

Il a fait son premier voyage de l'autre côté de l'océan durant l'été 1959, à l'âge de 31 ans. Il est allé en Europe avec sa mère, qu'il aimait et respectait tendrement. Ils y ont passé plusieurs semaines, puis ils sont allés au Moyen-Orient.

Après avoir passé quelque temps à Londres, nous avons voulu visiter la terre de mes ancêtres, l'Irlande.

Plus exactement, nous sommes allés dans le comté de Cork, d'où provient ma famille. C'est une région dans le sud-ouest de l'Irlande, le plus gros de tous les comtés. Fait intéressant, Cork a été surnommé « le comté rebelle » parce qu'en 1491, le village a donné son appui à Perkin Warbeck, qui avait voulu devenir roi d'Angleterre durant la guerre des Deux-Roses, une série de guerres civiles pour l'accession au trône anglais.

Le comté de Cork est aussi réputé pour deux autres raisons : pour son port de Cobh, qui a été le dernier arrêt du *Titanic* avant son naufrage dans l'Atlantique, et pour le célèbre et magnifique château de Blarney, où se trouve la « pierre de l'éloquence », dénommée Blarney Stone.

Le château date de 1 200 après J.-C. Il a été détruit au XVe siècle, puis reconstruit à partir des ruines. C'est à ce moment que la célèbre pierre a été placée au haut de la tour. D'après la légende, la pierre dote celui qui l'embrasse du don de l'éloquence, ou du talent de la flatterie, améliorant l'aptitude de la personne à parler et à prêcher.

Lorsque j'ai approché la pierre pour l'embrasser, je portais mon complet noir qui me donnait l'air très officiel. Après cette cérémonie, j'ai entendu les gens rire derrière moi. Je me suis retourné pour les regarder et j'ai vu un groupe de touristes irlandais, rigolant. Je leur ai dit que j'étais un prêtre du Canada et j'ai ajouté, très sérieusement : « Mes paroissiens, au Canada, ont payé mon voyage vers l'Irlande pour que je puisse embrasser la Blarney Stone. Ils veulent qu'à mon retour, je prêche mes sermons avec plus d'éloquence. »

Les touristes m'ont regardé bouche bée ; ils n'y croyaient tout simplement pas.

Bien sûr, ce n'était pas vrai !

DES PRÊTRES DÉVALANT LES PENTES

Les paroissiens du père Johns savaient qu'il était différent.

Il n'entrait pas dans le stéréotype du prêtre classique, qui passe son temps à prier à l'église. Il priait, bien sûr, mais sa vocation ne l'empêchait pas de faire autre chose, du sports par exemple.

Pas n'importe quel sport. Le père Johns n'aimait pas la course ni le cyclisme. Il aimait les sports extrêmes.

Durant sa vingtaine et sa trentaine, il faisait du ski alpin, de l'équitation, de la motocyclette et plus tard, il devint pilote d'avion.

Nous ne skions pas en habits de prêtre... Alors un groupe de prêtres skiant n'est pas différent d'un autre groupe.

La seule différence, c'est que nous ne jurons pas autant!

Je skiais beaucoup quand j'étais plus jeune. J'allais avec des amis, des prêtres, tous des hommes, skier au mont Tremblant durant une semaine à la fin de janvier. Nous étions environ 20, peut-être plus.

Une fois, un prêtre descendait le versant sud de la montagne. À un endroit quelconque, il est tombé. Il ne s'est pas blessé, mais la fermeture éclair de son pantalon de ski s'est brisée. Alors il était là, en haut de la piste, avec aucun autre moyen de garder son pantalon relevé que de le tenir avec sa main.

Il avait l'air très étrange en descendant la montagne!

Il n'est pas sur la photo, mais il est certainement en skis! Photographie prise par le père Johns de deux de ses amis prêtres, lors d'un voyage de ski au mont Tremblant, au Québec, vers la fin des années 1970.

JOINDRE LES MOTARDS

J'aime la vitesse.

Une fois, dans les années 1950, je devais me rendre à un couvent situé en haut d'une colline pour dire la messe du matin pour des sœurs. Trop paresseux pour monter la côte à pieds, j'ai décidé de prendre une motocyclette.

Le long de la route qui menait au couvent vivait un gros chien. Il avait déjà mordu un des autres prêtres auparavant, et on m'avait averti d'une possible attaque. Quelqu'un m'avait conseillé de foncer directement sur le chien s'il venait vers moi et de changer de direction à la dernière minute.

Le chien était énorme. Quand il m'a vu, il a commencé à japper et à courir directement vers moi tentant d'attraper mes jambes. J'ai essayé de suivre le conseil qu'on m'avait donné, ce qui n'était pas évident, mais j'ai dû bien le suivre, puisque je ne me suis pas fait mordre et je n'ai pas frappé le chien.

Nous avions tous deux gagné.

* * *

Plusieurs années plus tard, alors que j'avais 76 ans, j'ai décidé de suivre des cours de conduite pour motocyclette.

Je me suis presque tué !

Les leçons étaient données dans le stationnement du Stade olympique de Montréal. Il y avait beaucoup d'espaces de stationnement, mais aussi beaucoup de murs. Alors que je m'exerçais à une partie de la leçon, j'allais si vite que je me dirigeais directement dans un mur. Je devais ralentir, changer de vitesse et tourner. Eh bien, je n'avais pas tout à fait compris les leçons de mon moniteur, qui m'avait dit ce qu'étaient les commandes, mais non comment les tenir. Ou peut-être l'avait-il fait, mais je n'y avais pas prêté attention. J'ai tiré les deux commandes – le frein et l'accélérateur – en même temps.

Beaucoup de bruit et aucun résultat!

Je suis passé très près du mur. Heureusement, j'étais toujours sur la moto! En tournant, j'ai mis mon pied par terre, ce qu'on ne doit jamais faire en motocyclette. Mais exceptionnellement, je l'ai fait... et immédiatement après le virage, j'ai éteint le moteur de l'engin.

Lorsque j'en suis descendu, j'ai regardé le moniteur, pointé la motocyclette, et dit: «Monsieur, cela vous dérangerait de la rapporter au garage?»

La compagnie m'a remboursé la partie du cours de conduite que je n'ai pas suivie. C'était très gentil.

Je ne suis jamais monté à nouveau sur une motocyclette.

Avant de quasiment foncer dans un mur durant ses leçons de motocyclette, le père Johns a tout de même réussi à se faire photographier, en 2002.

CHEVALIER EMMETT JOHNS

Les chevaux n'ont ni moteur ni ailes.

Depuis ma plus tendre enfance, je rêvais de devenir pilote d'avion.

Travaillant à la paroisse de Saint-Laurent au début des années 1950, je passais fréquemment près d'une ferme située non loin de l'église. Il y avait des chevaux magnifiques et j'aimais les regarder galoper.

En plus d'être près d'une ferme, l'église était très près de l'aéroport de Cartierville. Les petits avions volaient au-dessus de l'église tous les jours. J'aimais regarder en l'air et les suivre des yeux.

Une publicité dans un magazine d'aviation disait: « Regardez-vous dans les airs lorsqu'un avion passe ? Suivez-vous les avions des yeux ? Si oui, venez suivre des cours de pilotage ! » Puisque c'était exactement ce que je faisais, je savais que je voulais suivre des cours de pilotage. Mais ils étaient trop dispendieux.

Alors j'ai plutôt suivi des cours d'équitation.

La première fois que je suis monté sur un cheval, je me sentais comme un cow-boy dans l'Ouest... sauf qu'il n'y avait aucune vache à surveiller !

Dans l'ensemble, je n'étais pas si mauvais cavalier. Parfois, cependant, l'animal voulait retourner dans la grange et je ne pouvais rien y faire. Je me baissais simplement lorsqu'il approchait de la porte.

Quelque temps plus tard, j'étais en vacances au Lac George. Il y avait un ranch tout près et j'ai suivi des cours pour perfectionner ma technique. On m'avait averti que je ne pourrais m'exercer que quelques jours, puisque ce serait le début de la saison de chasse et que les animaux devraient rester dans la grange. C'était une précaution au cas où des chasseurs idiots tireraient sur un cheval, même avec une personne assise dessus.

Le premier jour de pratique, je me promenais dans un champ. Je trottais : je n'allais pas tout à fait au pas, pas tout à fait galopant, mais avançant doucement. Soudainement, alors que nous traversions un champ, le cheval a décidé de s'agenouiller pour dire une petite prière. Il semble que j'avais le cheval le plus religieux de l'écurie ! Heureusement, la selle était une western avec un pommeau devant, pas une anglaise, qui n'a absolument rien pour se tenir.

J'ai agrippé le pommeau à deux mains pour ne pas glisser sur le cheval alors qu'il s'agenouillait, embrassait le sol, puis se relevait.

Et la pauvre créature a vraiment heurté le sol, puisque son nez saignait !

QUESTIONS DE GANG

Ayant passé presque une décennie à Saint-Laurent, un quartier relativement aisé de Montréal dans les années 1950, Johns a été muté dans un autre quartier. À première vue, la nouvelle paroisse était encore moins attrayante – c'était la Petite-Bourgogne, un secteur où les gangs de rue irlandais et le crime fleurissaient.

Mais Johns a réussi à en tirer quelque chose, créant une amitié durable entre lui et les trois gangs qui se divisaient la ville de Montréal au début des années 1960 : le gang italien de Cotroni, le gang canadien-français de Dubois et le gang irlandais des McGuire, qui résidait dans le quartier Sud-Ouest.

Ces liens lui ont donné un appui indispensable lorsqu'il a commencé à aider les jeunes dans la rue, quelques années plus tard.

« Habituellement, lorsque les gens pensent aux gangsters, ils pensent aux problèmes.

En fait, le mot « gangster » fait penser aux criminels, aux motards, aux vendeurs de drogues et à la mafia. Mais pour moi, les gangsters sont aussi mes paroissiens.

De 1830 jusqu'au début du XXᵉ siècle, il y eut une grande vague d'immigration d'Irlandais au Canada. Ils sont venus par bateau dans un état d'extrême pauvreté. En Irlande, ils habitaient des maisons de pierres, et les Anglais étaient leurs maîtres.

Quand les Irlandais ont finalement obtenu leur indépendance, ce n'était qu'une indépendance partielle. Les Anglais conservaient la partie nord du pays, puisqu'elle était peuplée principalement de protestants. Au sud, le trois quarts de la population était catholique. Cela a causé de nombreuses batailles. Si vous étiez catholique dans le nord de l'Irlande, vous étiez en danger de mort. La même chose pour un protestant du sud.

Le père Johns, dans les années 1970.

Les personnes qui ont quitté l'Irlande en pleine famine étaient en majorité des Irlandais catholiques. Les Irlandais du Nord vivaient sous un gouvernement socialisé, comme en Angleterre ; ils avaient la sécurité sociale et d'autres bons services qui n'existaient pas au sud. Ils avaient aussi des emplois. Quelques compagnies de fabrication de navires ont donné de l'emploi aux protestants, particulièrement à ceux de l'Ordre des francs-maçons.

Les sectes franc-maçonnes ont été amenées jusqu'au Canada par les Anglais, qui y sont arrivés en premier, implantant des clubs dans les villes. Cette concentration de Canadiens anglais dans les zones urbaines les a conduits à occuper la majorité des emplois de Montréal, tandis que les Canadiens français habitaient dans des fermes en milieux ruraux. Après et durant la Première Guerre mondiale, plusieurs ont quitté leur ferme et se sont installés à Montréal pour travailler dans des manufactures et fabriquer des armes pour la guerre, et ils y sont demeurés par la suite.

À cette époque, on disait qu'à moins d'être franc-maçon et protestant, vous ne pouviez pas devenir contremaître sur les chemins de fer. Canadian Pacific et Canadian National Railroad n'offrait pas d'emploi, sauf aux francs-maçons, ce qui donnait des privilèges aux Anglais. Cela a causé quelques problèmes, notamment des tentatives continuelles des Canadiens français pour se séparer du reste du Canada. À un moment donné, les Canadiens français ont réalisé qu'ils étaient plus nombreux que les Canadiens anglais, Irlandais ou pas. Les anglophones voyant cela arriver ont dit : « Eh, je suis Irlandais catholique, je travaille pour Canadian National Railroad depuis 30 ans et je ne suis toujours pas contremaître, mais un simple ouvrier, et ce Canadien français se présente et il est contremaître après seulement 5 ans ! »

Cette situation a créé quelques mauvaises réactions, même si cela réduisait les inégalités.

La plupart étaient fâchés, mais ne se révoltaient pas trop. Contrairement à plusieurs pays où les gens provoqueraient une révolution ou une guerre civile, ici, les Irlandais en voulaient aux Canadiens français, mais personne n'y faisait quoi que ce soit.

Finalement, entre 1960 et 1966, la Révolution tranquille se produisit. Le gouvernement du Québec décida que les francophones avaient la priorité dans la province.

Avant la Révolution tranquille, les immigrants, tels que les Irlandais et les Italiens qui se sont installés au Canada après la Première Guerre mondiale, allaient dans les écoles anglophones plutôt que dans celles francophones. Le gouvernement a donc instauré une loi : à moins que les parents n'aient étudié dans une école anglophone au Canada, les enfants ne pouvaient plus étudier en anglais au Québec. Ainsi, l'équilibre était rétabli entre francophones et anglophones. Le nombre de professeurs d'anglais fut réduit considérablement. Plusieurs sont partis vers d'autres provinces. C'est à ce moment-là que le Québec a perdu plusieurs écoles anglophones.

Une autre loi a été instaurée : toutes les compagnies ayant plus de 50 employés devaient utiliser le français comme langue de travail. Presque toutes les banques avaient leur siège social à Montréal. Puisqu'elles ne pouvaient fonctionner correctement en français, elles ont déménagé progressivement leurs bureaux à Toronto.

Tout cela a augmenté la tension.

Il n'y avait pas autant d'affrontements entre les Irlandais et les Anglais à Montréal qu'à Ottawa. Là-bas, c'était très violent. Les gens habitant Montréal étaient simplement heureux d'y être. La principale raison pour laquelle ils restaient était qu'il n'y avait pas de guerre. Il était difficile de les convaincre qu'ils devraient se battre avec leurs voisins, après quelques dizaines d'années ici.

Un autre phénomène m'a touché. Pour les Irlandais, un prêtre portait un titre très spécial. Voilà pourquoi ces hommes ne me frappaient jamais.

Parce que j'étais un prêtre. Et par-dessus tout, parce que j'étais de descendance irlandaise, catholique et bilingue.

LA JEUNESSE DU MILIEU

Il est difficile de fuir lorsque vous avez une balle plantée dans la cuisse.

Un des servants de messe à la paroisse de St. Anthony, dans la Petite-Bourgogne, boitait. Je lui ai demandé ce qui lui était arrivé, et il a dit qu'il avait tenté de se sauver alors qu'il volait une télévision, et qu'un policier l'avait atteint d'une balle. Il avait réussi à s'enfuir avec la télévision, mais il est resté handicapé à vie.

C'était ma première rencontre avec un des membres les moins influents du gang. Rapidement, j'ai appris que ces jeunes détestaient la police et que la police les détestait en retour. La vengeance flottait dans l'air, et lorsqu'un policier faisait du mal à un membre du gang ou vice-versa, les autres répondaient. Quelques jours après que ce jeune a été atteint par un policier, les autres membres du groupe ont attrapé l'officier et l'ont mis tête première dans une poubelle.

Quand les policiers ont vu les jeunes faire cela, ils les ont battus. Une fois, un officier a même tué un jeune alors qu'il était menotté. Le garçon avait battu le policier et avait tenté de l'embrasser. Une femme officier qui l'accompagnait avait tout vu. Pour conserver sa réputation intacte à ses yeux, il a tué le garçon.

Ces jeunes venaient tous de familles pauvres où le père, continuellement saoul, battait la mère et les enfants. Ils étaient de bons enfants, mais ils étaient très pauvres et n'avaient littéralement rien du tout. Ils grimpaient aux murs des édifices, entraient par les fenêtres et volaient la marchandise. C'était leur manière de survivre.

Ils étaient tous grands et forts, et ils espéraient être bien considérés dans la Petite-Bourgogne. Ils y vivaient grâce à cette réputation, mais ils ne commettaient aucun crime violent. Je n'ai entendu parler qu'une seule fois qu'ils avaient été très agressifs, lorsqu'ils avaient battu le gérant d'un bar. Ensuite, ils l'ont amené à l'hôpital!

« COMMENT J'AI OFFENSÉ UNE FILLE »

En plus de ses tâches habituelles à l'église, chaque semaine Emmett Johns allait enseigner dans une école de réforme catholique pour les jeunes filles. C'était le début de ce qui deviendrait une implication à long terme dans la vie des jeunes souffrant de pauvreté.

De temps en temps, les filles devenaient si lasses de l'école de réforme qu'elles fuguaient.

Elles étaient rarement capables de se rendre très loin et, après avoir été arrêtées par la police, elles étaient amenées à un centre de détention, puis à la cour, devant le juge. Ce dernier faisait partie du conseil des directeurs de l'école et savait que l'école fonctionnait avec une subvention du gouvernement, versée selon le nombre de jours passés à la résidence.

En conséquence, il envoyait les enfants à cet endroit, non seulement pour le bien de la société, mais aussi pour le bien de l'école.

Souvent, je me liais d'amitié avec les filles qui ne s'étaient pas enfuies. Lorsqu'elles le faisaient, j'allais les voir au centre de détention. Derrière les barreaux, elles voulaient avoir des nouvelles de leur amoureux, qui était à l'extérieur, dans la Petite-Bourgogne ou dans Pointe-Saint-Charles, un autre quartier défavorisé.

C'est alors que j'ai appris que ces jeunes, semblant si robustes, pouvaient être très vulnérables.

Une fois, lorsque je suis allé au centre de détention, une des filles m'a regardé.

« Père, dites-moi comment va mon amoureux, s'il vous plaît », me demanda-t-elle timidement.

« Je ne crois pas savoir qui il est », dis-je.

« Bien sûr que vous le connaissez. C'est le blond. Je sais que vous l'avez vu plusieurs fois », dit-elle.

« Hum, jeune femme, répondis-je, je ne porte jamais attention aux cheveux des gens. En plus, je risque de ne jamais me souvenir de ce dont vous avez l'air, alors comment pourrais-je me souvenir de votre amoureux ! »

Elle était une jolie petite fille. Mes paroles l'ont sérieusement insultée.

Cela a pris quelques semaines avant qu'elle m'adresse de nouveau la parole !

MESSAGES PRÉCIEUX

Trouver un gangster est facile.

Le seul et unique endroit où nous sommes certains d'en trouver est la prison.

J'allais de temps à autre dans une des prisons de la région de Montréal. Les criminels n'y restaient habituellement que pour une durée de moins de deux ans. J'y allais pour rendre visite à des jeunes de 18 ans et plus. L'atmosphère y était calme. Les gardes me connaissaient et je n'avais pas à me soucier de leur montrer une carte d'identité. J'entrais simplement et me rendais à l'arrière de la prison. Les gardes disaient aux autres qui j'étais et pourquoi j'étais là. Ils avisaient également les prisonniers de ma paroisse que je pouvais les rencontrer dans la cour.

Mon appât pour engager la conversation consistait en deux cigarettes et parfois quelques dollars pour la cantine. Les deux cigarettes prenaient habituellement 20 minutes à fumer. Les gardes me prêtaient le bureau réservé aux avocats; le prisonnier pouvait y entrer et nous parlions durant environ 20 minutes. Puis il partait et disait aux autres prisonniers que j'étais présent et qu'ils pouvaient venir me voir.

Ces brèves sessions étaient pour le prisonnier comme un rayon de soleil passant entre les barreaux de sa cellule. Nous ne parlions pas vraiment de religion. Nous parlions de sa maison et de ce qui se passait à la Petite-Bourgogne ou à Pointe-Saint-Charles. Il voulait des nouvelles de sa mère, de son amoureuse ou même de son chien, et je les lui donnais. Puisqu'à ce même moment j'étais également aumônier à l'école pour jeunes filles Marion Hall, je connaissais quelques-unes de leurs filles.

Transmettre les messages du monde de la liberté aux cellules poussiéreuses de la prison était toujours très spécial.

Je n'avais pas à le faire, mais ils étaient mes paroissiens. C'était mon petit cadeau pour ces prisonniers.

Je savais que ces hommes me respectaient. En Irlande, à une époque, les prêtres devaient se cacher pour ne pas être trouvés par les Anglais parce que s'ils avaient été vus, ils auraient été placés dans la tour de Londres, puis auraient été pendus, noyés et écartelés, et finalement exposés sur les ponts.

C'était bien d'être un prêtre de descendance irlandaise vivant au Canada!

POPS LE GANGSTER

Quand le père Johns a travaillé à Saint-Laurent, il n'était pas encore connu sous le nom de Pops. Il y avait là, par contre, un autre homme avec un surnom semblable – un gangster du coin.

Une fois, j'ai fait une grave erreur. Je discutais avec un prisonnier qui me parlait d'un homme connu sous le nom de Pop, qui selon lui était le criminel en vogue dans ce temps-là et qui commettait des vols de banque. À cette époque, dans la hiérarchie du crime, les voleurs de banque étaient tout en haut de la pyramide. L'abuseur d'enfants était en bas. Si vous étiez un voleur de banque, vous étiez bon. Ils ne s'attendaient pas à ce que vous tuiez quelqu'un durant le vol.

Cet homme avait apparemment dit à tous les autres prisonniers qu'il braquait des banques. J'ai répondu à l'homme qui m'avait raconté cette histoire que tout cela n'était que folie. Il ne braquait pas les banques. Il menait un groupe d'enfants, mineurs, qui commettaient des vols pour lui. Ils entraient dans les magasins, prenaient une boîte de cigarettes et la lui remettaient. Lui, il la revendait dans les tavernes.

Après m'avoir parlé, il est retourné dans la cour et a dit aux autres ce que je lui avais répondu: «Oh! Oh! très mauvais!»

La fois suivante, lorsque j'ai vu l'autre homme, Pop, il avait un plâtre au bras, ce qui devait être le résultat d'une bataille qui s'était produite après que les autres prisonniers ont compris qu'il n'était pas un voleur de banques, mais qu'il utilisait plutôt les enfants pour ses crimes.

Quelques semaines plus tard, je marchais dans la rue pour aller me faire couper les cheveux. Qui ai-je vu marchant sur le même trottoir que moi? Pop avec un autre homme qui avait l'air tout aussi criminel que lui. Que devrais-je faire ? me dis-je. Dois-je continuer à marcher ou bien traverser la rue ? J'ai décidé de feindre d'être brave et de continuer à marcher tout droit en direction des deux hommes.

La minute d'après, l'homme me brandissait son plâtre devant le nez, disant quelque chose à propos de mon visage et du plâtre. L'homme à côté de lui a dit : « Ne le frappe pas, ne frappe pas, le père ! C'est un prêtre ! »

De nos jours, personne ne dirait cela d'un prêtre. Être un prêtre à l'époque était loin de la réalité d'aujourd'hui.

« ALLUME-LE ! »

Les feux d'artifice sont associés à plusieurs fêtes importantes.

Pour les gangs irlandais, honorer la reine le jour de la Reine ou célébrer la Saint-Jean-Baptiste se faisait d'une façon bien particulière...

Ils allumaient des feux de joie.

Au milieu de la rue, dans la Petite-Bourgogne, les Irlandais faisaient un tas avec des meubles et des ordures, et ils y mettaient le feu. Les flammes montaient très haut, tellement que les maisons avoisinantes risquaient de brûler.

Cela m'a pris quelque temps avant de m'y habituer.

NOUVEAUX MARIÉS

Habituellement, les personnes aiment être photographiées durant les mariages.

Elles savent que leur photo demeurera des années dans l'album des époux et elles aiment cela. Par contre, ce n'est pas le cas dans les mariages de gangsters.

J'ai célébré le mariage d'un des McGuire. L'église était ouverte, la mariée était devant la porte, et au bas des marches se tenait un groupe d'invités. Disant à quel point la mariée était magnifique dans sa robe blanche comme neige, un photographe, se tenant à l'intérieur de l'église, voulut la prendre en photo.

Dès qu'il a levé son appareil, les hommes qui étaient dans les marches ont sauté comme si l'on avait tiré en leur direction. Tous, environ une douzaine d'hommes, se sont jetés au sol au même moment, comme s'ils obéissaient à un ordre.

Il était interdit de prendre les gangsters en photo.

Voilà comment j'ai appris une autre règle de la vie des gangs.

LES DERNIERS ADIEUX

Personne n'aime être malade.

Mais les gens détestent encore plus rester dans un lit d'hôpital, seuls, avec leurs tristes pensées et personne avec qui en parler.

Lorsque le chef du gang irlandais de Montréal, John McGuire, se mourait à l'hôpital d'une forme aiguë de cancer, il n'y eut pas un instant où il était seul dans sa chambre. Sa famille et ses amis restaient à ses côtés 24 heures par jour. C'était peut-être pour le protéger des autres gangs, mais il n'a jamais admis qu'il était en danger.

Cela m'a beaucoup impressionné.

Un jour, je suis allé voir Johnny. Dans sa chambre, il y avait foule; des gens se tenaient partout autour de lui. Le frère de John m'a suggéré de lui offrir les derniers sacrements et peut-être même de lui donner une chance de se confesser.

« Je n'y vois aucune objection et je crois que John le mérite, dis-je. Mais cela ne peut être fait dans un endroit si agité. Il y a trop de gens ici. Alors pourriez-vous vous organiser pour que ce soit plus tranquille à mon retour ? » Lorsque je suis revenu à l'hôpital le même jour, tous se sont levés et se sont dirigés vers la porte. Ils avaient tous une raison de partir. Certains ont dit au malade qu'ils devaient aller surveiller leur voiture, faire l'épicerie ou un appel d'urgence. Tous devaient quitter la chambre. Le pauvre malade ne comprenait pas ce qui arrivait.

Je le lui ai expliqué. Il fut soulagé, et heureux de recevoir les derniers sacrements.

* * *

Presque toute la famille de Johnny était à son chevet; tous, sauf son frère Jerry. Ce jeune homme était au pénitencier à ce moment-là. Il n'avait pas pu obtenir une permission pour rendre visite à son frère à l'hôpital parce que les responsables de la prison écoutaient toujours les appels et John n'admettait jamais au téléphone qu'il était malade. Il disait sans cesse qu'il serait sur pied la semaine suivante.

Johnny ne s'en est pas sorti. Il est décédé à l'hôpital. Les McGuire et leurs rivaux, les Dubois et les Cotroni, ont assisté aux obsèques. Si les policiers avaient fouillé ces hommes, ils auraient trouvé suffisamment d'armes pour fournir tout le département de police.

Quand le frère de Johnny a appris la mort de son frère, il a finalement eu la permission de se rendre à Montréal, accompagné d'un garde, dans une fourgonnette de police, et portant des menottes et des chaînes aux chevilles. Lorsqu'il est arrivé au salon mortuaire, j'y étais et je l'ai accueilli.

Dès que j'ai rejoint la fourgonnette de police, le garde m'a regardé et m'a dit: « Père, je n'entrerai pas à l'intérieur avec tous ces gens qui y sont. Ils doivent tous sortir avant que j'y aille avec le prisonnier. » Il avait l'air soucieux.

« Ne soyez pas inquiet, l'ais-je rassuré, ces personnes sont toutes chrétiennes. Elles savent comment se comporter lors d'obsèques. Elles ne profaneraient pas la mort de leur frère en causant des ennuis, même pour tenter de secourir un des leurs. »

J'avais raison.

Lorsque j'ai conduit le garde et le prisonnier à l'intérieur, le policier a retiré les menottes à Jerry et l'a laissé entrer dans la salle où son frère était exposé. Lui et moi sommes demeurés dans le corridor. Je suis resté avec le garde parce que je sentais que s'il se produisait des ennuis, il pourrait en être la cause. Cela a duré près d'une heure.

Quand le temps est venu de se rendre à l'église, je suis entré chercher Jerry. Je l'ai amené au garde et j'ai conduit les deux hommes à l'extérieur, en les protégeant tous les deux. Parmi les 150 personnes présentes, la majorité étant du milieu criminel, une seule a insulté le garde lorsque nous avons quitté la chapelle.

Étrange, mais ces gens ont une morale, et je savais qu'ils ne feraient rien de déshonorant aux funérailles d'un des leurs.

RÉSOUDRE UN MEURTRE

Le père Johns a travaillé des deux côtés de la loi, comptant des amis autant parmi les criminels que les policiers. Il avait un permis de port d'armes. Une fois, il a même aidé à résoudre un meurtre.

Une fille avait été tuée d'une balle.

Je travaillais à la paroisse St. Anthony, dans un quartier pauvre de Montréal. Les gangs rôdaient beaucoup dans ces parages. J'y suis resté durant deux ans, et à ma dernière nuit, le téléphone a sonné vers 1 h du matin. J'ai répondu et le pasteur Miles Kelly a répondu au même moment. C'était une sœur d'un couvent sur le boulevard René-Lévesque. L'édifice, qui abritait à l'époque des jeunes femmes dans le besoin, est aujourd'hui un musée d'architecture.

« Venez vite! dit-elle, la voix tremblante. Une de nos filles a été tirée! »

Nous nous sommes habillés, nous avons couru en bas de l'escalier et nous avons sauté dans la voiture. Comme nous approchions du couvent, environ 15 voitures de police étaient déjà arrivées, les gyrophares allumés.

Nous avons couru à l'intérieur de l'édifice. Nous n'avions pas oublié de mettre nos cols romains, qui étaient nos passeports pour entrer partout à l'époque. Une fois à l'intérieur, les sœurs nous ont dit que le corps était en haut de l'escalier. Nous nous y sommes précipités. La pauvre fille était au sol. Dans le mur derrière elle, il y avait un trou.

Le tireur avait grimpé l'escalier de secours à l'arrière de l'édifice, était venu à la fenêtre et s'était caché dans la chambre qu'il croyait être celle de son amoureuse, ou plutôt celle qu'il voulait qu'elle soit son amoureuse, celle qui l'avait rejeté, comme nous l'avons appris plus tard.

Après avoir regardé le corps, l'inspecteur est entré dans la chambre.

« Pères, nous a-t-il dit, nous ne devons pas nettoyer la scène du crime habituellement, mais si nous ne le faisons pas, personne n'arrivera à dormir ici cette nuit. »

« Alors je la nettoierai », dit le père Kelly.

Il est allé chercher de l'eau chaude, du savon et des brosses, et il a commencé à nettoyer l'endroit. Je l'ai laissé et je suis allé aider les policiers. Je les ai guidés dans l'édifice, que je ne connaissais même pas, mais que j'ai prétendu connaître.

J'ai ouvert la porte arrière et j'ai reculé, laissant entrer la police d'abord pour vérifier si le fusil était toujours à l'intérieur. Mais il n'y était pas.

Après avoir atteint la fille, le tireur avait traversé le corridor, où il avait vu quatre jeunes femmes. Elles montaient l'escalier et étaient restées figées de peur par le bruit. Lorsque le tireur est sorti avec son fusil, il s'est tourné et a dévalé l'escalier. Il a descendu l'escalier arrière encore une fois, s'est sauvé vers l'avant, où était stationnée sa voiture, puis, il s'est enfui.

Qui était-il? Cela restait un mystère.

Tout d'abord, la fille qu'il avait touchée n'était pas celle qu'il voulait atteindre. Il avait fait une erreur. Lorsqu'elle avait ouvert la porte, il était dans la chambre. C'était sombre et la lumière l'éclairait par derrière. À l'époque, plusieurs filles portaient la même coupe de cheveux, alors il a cru que c'était son amoureuse, et bang! Il l'a touchée à la tête d'un seul coup de feu, détruisant presque entièrement son visage.

Après avoir fait le tour de l'édifice, deux détectives sont arrivés, transportant une paire de souliers Hush Puppies, une marque célèbre. Pour grimper silencieusement l'escalier de secours, l'homme avait retiré ses chaussures, mais s'étant enfui aussi rapidement que possible, il avait apparemment oublié de les remettre.

« Il y a 35 filles ici, dis-je à l'officier tenant les chaussures. Pourquoi ne leur montreriez-vous pas les chaussures? L'une d'entre elles les reconnaîtra peut-être. »

C'est ce qui s'est passé. La victime visée a reconnu les chaussures, disant qu'elles appartenaient à son ami, qui était venu la voir un soir dans un bar et qui était très en colère parce qu'elle lui avait dit qu'elle ne voulait plus jamais le revoir. Elle trouvait qu'il devenait un peu trop intime. Elle avait travaillé à Alexandria, un petit village près de Montréal, où il habitait. Il était un homme marié et elle allait faire du gardiennage chez lui, à sa ferme. Il s'était beaucoup attaché à elle.

Je lui ai demandé si elle avait une photo de l'homme et elle a répondu que oui. Elle me l'a montrée et a dit aux policiers : « Oh, en passant, si vous avez besoin d'une photo du criminel, en voici une ! »

À ce moment, un des officiers m'a regardé et a dit : « Père, vous auriez dû devenir détective au lieu de prêtre. » Cela me fait encore rire !

Après être retourné chez moi cette nuit-là, j'ai raconté l'histoire à un autre prêtre qui connaissait cette fille et la ferme où celle-ci disait avoir travaillé. Il a appelé le prêtre de la paroisse d'Alexandria et lui a raconté l'histoire. Alors que ce prêtre traversait la rue pour se rendre à son église, devinez qui il a vu marcher de l'autre côté du trottoir ? Le beau-père du tireur. Il lui a tout raconté et le beau-père s'est rendu aussitôt au poste de police de la ville la plus proche. Il savait que le tueur était à la ferme. La police provinciale de l'Ontario s'y est rendue et l'a arrêté.

Douze heures après le meurtre, le meurtrier était entre les mains de la police.

J'ai nommé cet événement un cas CIA, sauf que les lettres signifient Clergy Investigation Agency !

UN PRÊTRE À L'HÔPITAL PSYCHIATRIQUE

Après la Petite-Bourgogne, le père Johns a amorcé un tout nouveau chapitre de sa vie de prêtrise. Il a commencé à travailler dans une institution psychiatrique à Montréal, un institut universitaire de santé mentale, affilié à l'Université McGill, où il est resté huit ans.

Je me souviens des enfants.

Des enfants retardés.

Il y avait une unité assignée spécialement à eux et je me suis toujours demandé si ces enfants étaient réellement malades mentalement. Certains d'entre eux sont allés au secondaire et ont gradué. Un jeune homme a même soumis sa candidature pour obtenir une bourse très prestigieuse à l'université et est arrivé 60e sur

Le jeune Emmett Johns en compagnie de deux infirmières, dans les années 1950.

130 candidats. Il ne l'a pas obtenue, mais il me semble que ce ne devait certainement pas être un attardé non plus.

J'ai toujours pensé, et je pense toujours, que le degré de déficience mentale dépend jusqu'à un certain point de quel professeur a l'enfant. Si quelqu'un est mauvais en mathématiques, cela ne fait pas nécessairement de lui ou d'elle un « retardé ».

«UNE DES PLUS GRANDES TRAGÉDIES DE MA VIE»

Un hiver, environ 20 infirmières, toutes des étudiantes des hôpitaux St. Mary's et Douglas, et moi-même sommes allés pour une retraite dans le nord du Québec.

Nous y sommes arrivés dans la nuit, un vendredi. Le samedi après-midi, une grosse tempête de neige a frappé la région.

Deux des filles ont tout de même décidé d'aller marcher dehors.

Elles se sont aventurées hors de la propriété. Tentant de retrouver leur chemin, elles se sont perdues dans le blizzard et sont arrivées face à la rivière du Nord, qui passait tout près. Elles ont tenté de la traverser, mais la glace n'était pas suffisamment épaisse pour supporter le poids de la neige et le leur.

Les deux filles sont tombées dans la rivière.

L'eau devait leur arriver un peu au-dessus de la taille. Elles ont toutes les deux réussi à sortir de l'eau, chacune sur une rive opposée.

L'une d'elles avait rampé dans la neige hors de la rivière et s'était adossée contre un arbre.

Nous l'avons retrouvée environ une semaine plus tard.

Après cela, nous avons décidé de mieux inspecter la rivière. Deux plongeurs de la police ont poussé les recherches, mais sans succès. Alors ils ont conduit un gratte-neige pour ouvrir la route jusqu'au barrage, un peu plus bas que l'endroit où nous avions trouvé la première fille. Ils ont employé l'engin sur les deux rives et ont finalement trouvé une autre personne dans la neige.

C'était l'autre fille, qui était également décédée.

Leurs photos sont sur une tablette de ma bibliothèque.

Quelles morts tragiques !

«LES DURES FILLES» DE MARION HALL

Durant ses premières années à l'hôpital Douglas, le père Johns a également travaillé en tant qu'aumônier à Marion Hall, une école pour jeunes filles, administrée par les sœurs du Bon-Pasteur. Il avait commencé à y travailler alors qu'il était toujours dans la paroisse de la Petite-Bourgogne et y est resté durant environ cinq ans.

Seul homme à cet endroit, il était la personne la plus appréciée selon une des étudiantes.

Par contre, peu de temps après qu'il a commencé à y travailler, l'école a eu une nouvelle directrice, qui a demandé à l'évêque un changement d'aumônier. Sa raison était qu'elle sentait que les étudiantes aimaient le père Johns un peu plus qu'elles ne le devraient pour un homme. L'évêque lui a répondu qu'il ne pouvait rien y faire. Qu'il en était un lui aussi. Que cela lui plaise ou non, il en était un !

Dale Douglas nous raconte.

Je connais le père depuis mes 14 ans.

Il savait que j'étais gênée et que je n'avais pas ma place à Marion Hall. Ma mère a eu quatre enfants. Elle nous a tous élevés elle-même, mais puisque je me rebellais, elle a décidé de me placer dans une école de redressement.

C'était un peu comme une prison pour petites filles.

J'étais la seule qui n'avait pas de problèmes avec l'autorité. Quelques filles à Marion Hall étaient des prostituées, certaines avaient des dossiers criminels. Elles avaient rencontré un juge avant d'aller à Marion Hall. Je n'avais jamais subi de procès. Je ne savais pas ce qu'un travailleur social était.

Elles me considéraient comme une idiote.

Les sœurs m'ont demandé le nom de mon juge et je ne savais pas du tout de quoi elles parlaient. Elles m'ont demandé qui était mon travailleur social et j'ai répondu que je n'en avais pas. J'ai été classée à part. J'étais une fille de la campagne.

J'étais la seule vierge à cet endroit et les filles me le faisaient bien savoir.

Nous étions 45 à Marion Hall, le maximum permis. J'y suis restée pendant trois ans et demi. La plupart des filles devaient rester dans cette « prison » jusqu'à l'âge de 18 ans. On appelait ça une école, mais il n'y avait pas d'enseignement. Les groupes de la 7e jusqu'à la 11e année étaient tous dans la même classe. Les sœurs nous avaient promis plein de choses comme des cours de coiffure, de couture, mais nous n'avons rien appris de tout cela. Nous faisions le ménage et n'allions jamais à l'extérieur. Chaque jour, nous lavions les planchers, les toilettes.

Je pense que le père comprenait la douleur que je ressentais en demeurant à cet endroit. Si je n'allais pas le rencontrer une semaine, il savait que quelque chose n'allait pas et me faisait appeler. Il demandait aux filles de me dire d'aller le voir, qu'il devait me parler.

Je me souviens qu'il avait une voiture décapotable à l'époque. Nous allions nager avec les sœurs, elles louaient un autobus et le père Johns nous accompagnait. Il choisissait les filles, trois ou quatre, qui entraient avec lui dans sa décapotable. Il suivait l'autobus avec sa voiture. C'était un cadeau pour nous de nous promener avec lui.

Il nous donnait aussi des cigarettes. Nous avions le droit de fumer à Marion Hall et nous étions récompensées et punies avec les cigarettes.

Cette école de redressement était une prison pour jeunes filles et, bien entendu, les filles détestaient y être. De temps en temps, elles fuguaient, à Montréal ou encore à Toronto. Chaque fois, elles téléphonaient au père Johns parce qu'elles savaient qu'il ne les dénoncerait pas. Il les aidait en leur donnant de l'argent si elles en demandaient, mais il ne les dénonçait jamais.

Les sœurs étaient jalouses du père Johns. Nous nous confiions toutes à lui et non aux sœurs; elles n'étaient pas très gentilles avec nous.

Il avait plus le tour de nous calmer que les sœurs. Il était la seule bonne personne à cet endroit.

Elles s'en sont éventuellement débarrassé parce que nous l'aimions trop.

Dale Douglas, ancienne étudiante à Marion Hall

«DANSEZ, LES FILLES!»

Les meilleurs souvenirs de Dale à Marion Hall sont probablement les deux fêtes que le père Johns avait organisées pour les filles. Rien de semblable n'avait eu lieu avant qu'il y vienne en tant qu'aumônier.

Un jour, il a dit aux sœurs: «Certaines de ces filles ont 16, 17 ou presque 18 ans. Elles sont ici depuis trois ou quatre ans. Ne pensez-vous pas qu'il serait temps de leur présenter des garçons? Il y aura des garçons lorsqu'elles sortiront. Les garçons ne disparaîtront certainement pas!»

Après un long débat, les sœurs ont finalement accepté de nous laisser organiser une danse.

C'était un vrai bal.

Je ne sais pas où il avait trouvé les garçons, mais plusieurs étaient présents à Marion Hall ce soir-là. Nous avons dansé et nous avons eu du plaisir, beaucoup de plaisir!

La première danse était amusante. Durant la deuxième, par contre, un garçon a embrassé une fille, et la fête s'est terminée. Comme ça!

Mais les souvenirs de ces danses ne s'effaceront pas.

Dale Douglas, ancienne étudiante à Marion Hall

L'INDE

Peu de temps après que le père Johns est entré en poste à l'hôpital Douglas et qu'il a travaillé au centre de détention Marion Hall, il a senti qu'il avait besoin de vacances.

Il a décidé de prendre une pause et de voyager autour du monde. Son périple de six semaines l'a amené des rues d'Haïti jusqu'à la savane africaine, du cœur de Calcutta jusqu'au Viêt Nam en guerre.

Il n'est jamais allé au pays de ses rêves, la Chine. Il voulait y être missionnaire, non touriste.

Durant son voyage vers toutes ces destinations exotiques, il n'a jamais oublié son travail qui l'attendait.

Que faire lorsque vous êtes pris dans un embouteillage parce qu'une vache se fait bronzer au milieu de la route ? En Inde, vous ne faites rien. Vous restez assis et attendez. Une autre option serait de descendre de la voiture et de marcher, mais vous ne pouvez faire aucun mal à l'animal. Aucun coup de pied ni même des cris ne seront tolérés.

Pour les Indiens, les vaches sont des animaux sacrés. Elles ne vivent pas seulement dans les fermes où les Occidentaux les imaginent, mais aussi sur les routes et les trottoirs des villes.

Une de mes premières surprises dans la ville de Kolkata – qui était connue sous le nom de Calcutta lorsque j'y étais – fut une vache cornue noire et blanche, de taille moyenne, qui s'étendait lentement et gracieusement sur la route devant mon taxi. Après avoir attendu environ 20 minutes dans l'espoir que la créature se déplace, je suis sorti, j'ai pris ma valise qui était sur le siège arrière et j'ai choisi un moyen de transport plus mobile : un pousse-pousse.

À Calcutta, j'aurais un lieu où dormir dans les églises de la ville. Mais les rues étaient encombrées de gens et même le pousse-pousse n'arrivait pas à se frayer un chemin vers la bonne rue. J'en suis descendu.

« Excusez-moi, dis-je très fort en m'adressant à la foule colorée et joyeuse, est-ce que quelqu'un sait où est l'église du Sacré-Cœur ? »

Les gens m'ont regardé avec intérêt et curiosité, puis ont regardé ailleurs. Désespéré, j'ai commencé à marcher tout droit lorsque quelqu'un a tiré ma manche.

« Je le sais », dit une voix douce d'enfant provenant de l'arrière, s'adressant à moi en anglais. Je me suis retourné et j'ai vu une petite fille qui ne devait pas avoir plus de 10 ans.

« Je vais à l'école du Sacré-Cœur, dit-elle. Venez, je vais vous mener à l'église ! »

Soulagé, je lui ai tendu mon petit sac et la caméra, afin de reprendre ma prise sur ma valise gigantesque.

Comme nous avancions dans la foule vers une plus grande rue, j'ai vu une parade. La rue entière était remplie

Son voyage au Taj Mahal, en Inde, n'avait pas été son préféré, parce qu'il s'attendait à ce que le Taj soit encore plus impressionnant, mais il fallait tout de même en garder une photo en souvenir !

de gens qui se tenaient en ligne comme des soldats, tous habillés de blanc, avec un turban blanc comme celui que Gandhi avait l'habitude de porter. L'église se trouvait de l'autre côté de la rue.

Prenant une grande inspiration, nous avons commencé à nous frayer un chemin à travers la foule. Il n'y avait pas moins d'une centaine de personnes alignées. Marchant l'un derrière l'autre, nous sommes arrivés de l'autre côté de cette rivière humaine.

L'église était magnifique, entourée d'une clôture de fer avec des pointes de lance. Alors que j'approchais de la grille, un prêtre apparut, nous accueillant.

La fille allait partir lorsque j'ai sorti mon portefeuille. Je n'avais pas eu le temps d'échanger mon argent canadien depuis mon arrivée en Inde, alors je lui ai donné un billet de cinq dollars. Le prêtre m'a dit que cela représentait pour elle le salaire d'une semaine entière.

Cela m'a fait repenser aux enfants en général, et cette pensée me revenait continuellement.

* * *

Je suis resté à Calcutta deux jours, un séjour que je n'oublierai jamais.

Cette ville était le lieu où habitait une femme très importante, mère Teresa de Calcutta. Je ne l'ai jamais rencontrée, mais je suis heureux d'avoir visité l'endroit qui lui a inspiré le désir d'aider les gens.

Comme plusieurs religieuses, mère Teresa a été témoin de situations où les prêtres restaient confinés à l'église. Il y a de nombreux besoins en dehors de cet endroit et mère Teresa l'a compris.

Elle est sortie dans les rues et a réuni les mourants. Elle les amenait dans son couvent pour qu'ils puissent mourir dans des draps propres. Ils n'avaient probablement jamais dormi dans des draps propres de leur vie. Elle rassemblait les orphelins et les gens atteints de toutes sortes de maladies, comme la lèpre.

Elle est véritablement sortie pour aller vers les autres comme nous devons tous le faire. Elle a répondu à la parole du Christ qui a dit : « J'avais faim et vous m'avez donné à manger. J'avais soif et vous m'avez donné à boire. J'étais nu et vous m'avez habillé. J'étais malade et au lit et vous m'avez rendu visite. J'étais sans abri et vous m'avez accueilli... » Étrangement, il n'a rien dit à propos d'aller à l'église les dimanches, le premier geste que les gens tentent d'accomplir !

Mère Teresa a appliqué la parole du Christ, et cela a intéressé des millions de personnes à travers le monde. Elle s'est adressée aux Nations Unies. Les Américains lui ont remis la médaille de la paix. Elle était une personne très influente. Elle ne s'est jamais vraiment impliquée politiquement, mais elle a eu de l'influence sur les politiciens.

« Savez-vous qu'en Afrique, il y a des centaines de millions de pauvres gens, dit-elle en s'adressant aux Nations Unies. Alors qu'attendez-vous à rester à discuter ici ? »

Après sa mort, bien sûr, comme cela survient fréquemment, la réponse à ses prières et à son enseignement a été merveilleuse. C'est après son décès que les Nations Unies et d'autres ont décidé de tenter de freiner les morts en Afrique. Mais cela n'était qu'une mince partie de son travail. Personne n'aurait pensé à demander aux pays du monde de donner de l'argent aux Africains et on aurait vite oublié ceux qui ont causé la mort de tant d'hommes. Elle leur a ramené à la mémoire toutes ces choses.

LE KENYA

Dormir sur la branche d'un arbre peut être délicat.

Particulièrement lorsque vous avez des éléphants et des troupeaux de buffles courant sous vos yeux dans la savane africaine.

J'ai passé une nuit à l'hôtel Treetop à Aberdare, au Kenya, construit et dissimulé littéralement dans un arbre. Cet endroit unique était devenu légendaire peu de temps avant que j'y sois allé: en 1952, la reine Élizabeth II d'Angleterre y habitait au moment où elle a accédé au trône, à la mort de son père, le roi Édouard.

L'hôtel était en fait une petite maison sur pilotis. Plusieurs belvédères étaient disposés autour de la maison, sur le toit et aussi sur chaque étage, dans le but d'observer la vie sauvage. Il était fascinant de regarder les animaux d'Afrique venir boire dans l'étang artificiel, créé par l'administration de l'hôtel afin de les attirer pour le plaisir des touristes.

Il faut toujours garder des souvenirs de ses voyages! Le père Johns, filmant lors de son voyage au Kenya, dans les années 1960.

Les animaux sauvages fréquentaient cette mare d'eau selon un certain ordre. Les éléphants venaient les premiers, ensuite les buffles et puis les autres animaux. Ils venaient tous en groupes, un troupeau suivi d'un autre. Ceux qui arrivaient après les éléphants se tenaient près des buissons, attendant le départ des géants. Il y avait une certaine hiérarchie : les éléphants étant les chefs.

Chacune de ces espèces était sur ses gardes à cause de la présence des autres. De temps en temps, les buffles essayaient d'attaquer les petits éléphants. Les éléphants adultes entouraient les plus jeunes et le troupeau se déplaçait avec les plus petits au centre. Lorsqu'ils se fâchaient réellement, les éléphants soulevaient les buffles et les lançaient au sol, mettant fin à l'agression.

C'était comme les gangs de rue et cela m'a rappelé ma paroisse de la Petite-Bourgogne à Montréal.

Il n'y avait pas toujours une bataille, mais il y avait une constante menace.

L'ÎLE D'HAÏTI

La lumière des lampadaires attire les insectes.

Les mouches, les mites, les papillons de nuit et autres petites créatures se dirigent tous vers la lumière, se frappant en vain contre la vitre de la lampe. Ils ignorent qu'il ne se trouve rien de l'autre côté de la lanterne.

Par contre, les insectes ne sont pas les seuls qui se dirigent vers la lumière. À Haïti, des groupes d'adolescents se rejoignent sous les lampadaires à la tombée de la nuit, y restant collés comme des insectes gigantesques.

Lorsque j'ai remarqué cela pour la première fois, je marchais avec quelques amis le long d'une des rues à Port-au-Prince, la ville la plus importante et le plus gros centre d'activité d'Haïti. Le soleil venait tout juste de se coucher et les lampadaires s'allumaient tout autour de nous. Soudainement, tournant le coin, nous avons vu un groupe d'une douzaine de jeunes, tous de 15 ou 16 ans, gesticulant et parlant très fort. Je commençais à m'inquiéter pour mon portefeuille et ma montre et j'ai regardé le visage de mes compagnons, qui devenaient anxieux eux aussi. J'étais habitué à l'idée qu'un groupe de jeunes se tenant ensemble la nuit puisse faire peur aux passants.

Pourtant, alors que nous passions à côté d'eux, j'ai remarqué quelque chose d'inhabituel. Les adolescents avaient des livres dans leurs mains. Plusieurs avaient aussi des crayons et du papier et semblaient occupés à écrire. J'ai soudainement compris... qu'ils étudiaient !

En fait, quand j'ai visité Haïti vers le milieu des années 1970, les enfants étudiaient dans les rues. Ceux qui n'avaient pas d'argent pour acheter des chandelles allaient sous les lampadaires faire leurs devoirs. Ils avaient l'habitude d'étudier à voix haute, répétant les phrases du livre pour mieux les retenir. C'était cette activité qui m'avait tant effrayé la première fois que je les avais vus. Tout près, il y avait aussi quelques jeunes qui lisaient et écrivaient sous les porches des commerces qui avaient une petite lumière allumée. J'ai été impressionné par cet enthousiasme à étudier.

Ces enfants étaient pauvres, mais leur manque d'argent n'était pas un obstacle à leur désir d'instruction.

J'ai senti que ce pays, qui est aussi notre voisin, avait besoin d'aide.

Je savais que j'y reviendrais et que ce jour-là, je tenterais d'aider les jeunes traînant autour des lampadaires, se préparant pour leurs examens.

LA THAÏLANDE

En Thaïlande, je n'ai pas fréquenté les hôtels. Au lieu de cela, j'ai habité avec un officier de la CIA.

Avec un espion.

En fait, à ce moment-là, je n'avais aucune idée qu'il en était un. Il était simplement quelqu'un que je connaissais et qui était heureux de me rendre ce service. Il vivait dans un petit village à l'ouest de Bangkok.

J'ai été très surpris, plusieurs années plus tard, quand j'ai appris qu'il était employé dans une base militaire en tant qu'ingénieur.

Cette base militaire était en fait une base des forces de l'air des États-Unis. Mis à part les soldats, il y avait aussi un prêtre de paroisse anglophone qui y vivait, probablement un Américain. Son église était située près de la base et il était très populaire parmi les soldats; il célébrait la messe pour eux.

Étant un prêtre missionnaire, il tentait d'aider les habitants très pauvres à avoir une source de revenus. Une de ces sources était l'élevage de poules et la vente de leurs œufs. Mais il y avait certaines complications. Par exemple, pour transporter l'eau du puits au poulailler, il devait fixer à la pompe un tuyau de caoutchouc qui menait au poulailler. Mais où trouver un tuyau de caoutchouc au milieu d'un village pauvre de Thaïlande?

C'est là que ses paroissiens américains l'ont aidé. Un dimanche, il a fait savoir à un groupe de l'armée de l'air américaine qu'il organisait ce projet et qu'il cherchait un tuyau. Le jour suivant, un camion des forces armées est passé devant l'église et un rouleau de tuyau de caoutchouc a rebondi puis basculé du véhicule, par accident. Le camion a continué sa route. Lorsque le conducteur est arrivé au camp, il a dit qu'il l'avait simplement perdu. « Les routes étaient affreuses, et c'est tombé du camion. » L'homme qui a écrit le rapport était à la messe le dimanche précédent et était au courant du plan.

Les soldats aidaient le prêtre et, par le fait même, ils aidaient les habitants en leur fournissant de l'eau.

LE VIÊT NAM

Prendre des vacances dans un pays déchiré par la guerre est assurément bien différent que de s'étendre sur la plage d'une calme station touristique. Le prochain arrêt du père Emmett Johns après la Thaïlande serait Saïgon, la capitale de l'ancien Viêt Nam du sud, qui est aujourd'hui appelée Ho-Chi-Minh.

C'était en plein milieu de la guerre du Viêt Nam, et Saïgon était une ville située du côté des Américains.

Le Viêt Nam était différent de tout ce que j'avais vu auparavant.

Il n'y avait pas de véritable guerre à Saïgon, mais l'air sentait la guerre – dans la marche des soldats dans les rues et dans les comportements des Vietnamiens chinois, qui constituaient la majorité de la population de la ville. D'un côté, ils semblaient heureux que les alliés combattent l'ennemi communiste, mais de l'autre, c'était comme si l'armée américaine n'avait pas sa place chez eux.

En face de l'hôtel où j'habitais, un énorme trou dans le mur de l'édifice nous rappelait la guerre. Un autre vestige était le couvre-feu de 7 h ; de 19 h jusqu'à 7 h, personne ne pouvait se promener dans la ville à moins d'être un militaire. Le premier jour, lorsque je me suis réveillé tôt pour avoir le temps de visiter la ville, à 6 h 30, j'ai trouvé la réceptionniste de l'hôtel en train de dormir dans le hall ; les rues étaient désertes. Je ne me suis pas risqué à sortir et je suis retourné à ma chambre.

Parfois, je prétendais être un militaire, particulièrement lorsque je voulais manger. Puisque je préférais la nourriture américaine à la cuisine asiatique, j'allais généralement dans les clubs réservés aux soldats américains pour prendre une bouchée, où je commandais un bon vieux hamburger et du Coca-Cola.

À la porte de ce club, il y avait un mur de sacs de sable avec une mitrailleuse de calibre .50 : une très grosse. C'était l'emplacement du garde de sécurité. Il ne m'a jamais demandé une carte d'identité, supposant que j'étais militaire. En fait, pourquoi un homme blanc qui ne serait pas dans l'armée américaine entrerait-il là ?

Après avoir passé la porte, il y avait le vestiaire. C'était l'endroit où l'on retirait son casque d'acier et sa veste pare-balles. On les tendait, avec toutes ses armes, à la femme derrière le comptoir. Comme je n'avais aucune de ces choses, je passais habituellement tout droit devant le vestiaire. Mais les soldats y allaient, et la femme mettait leur équipement sur des crochets et leur remettait un numéro en échange. Après cela, le client pouvait se rendre au restaurant pour y manger et payer avec de l'argent américain. C'était toute une expérience que de manger entouré de soldats.

Marchant dans les rues de Saïgon, j'ai pris quelques belles photos de la ville et des jeunes soldats vietnamiens, la plupart dans la vingtaine. Ils m'ont laissé les photographier principalement en raison de mon passeport canadien. Certains d'entre eux parlaient un peu le français, qu'ils avaient appris dans le temps où le sud du Viêt Nam faisait partie de l'Indochine française, jusqu'en 1954. M'approchant d'eux, je leur disais quelques mots en français, je leur montrais mon passeport et ils se positionnaient pour la photographie.

Durant ma dernière nuit à Saïgon, j'ai regardé un hélicoptère qui tirait des missiles en direction de la partie chinoise de la ville. Un après l'autre, les missiles mortels étaient largués par l'hélicoptère. Je le regardais du bar situé au dernier étage de l'hôtel, comme si c'était la scène d'un film, sauf que cela arrivait pour vrai.

Le matin suivant, j'ai trouvé un pousse-pousse et j'ai expliqué au conducteur que je voulais aller voir la cathédrale. Nous avancions le long de la route lorsque j'ai entendu soudainement des tirs de mitrailleuse. Mon cœur a cessé de battre pendant quelques secondes. Un hélicoptère volait au-dessus de nos têtes, approchant dans notre direction, puis une jeep est apparue avec une énorme mitrailleuse et un groupe de soldats. Alors qu'ils se tiraient l'un l'autre, mon conducteur a simplement continué sa route, pédalant sur sa bicyclette et sifflotant comme si rien ne se produisait.

Dans l'autobus en direction de l'aéroport, j'ai vu un char d'assaut et une arme menaçante pointant en direction de l'entrée de l'aéroport. Intrigué, je l'ai photographié. Tout à coup, un soldat américain qui m'avait vu s'est mis à crier et à poursuivre l'autobus, mais nous allions trop vite pour lui et le conducteur ne s'est pas arrêté. Nous nous sommes rendus à l'avion, qui s'est envolé en toute sécurité.

Alors que je dormais confortablement dans mon siège, je pouvais entendre le bruit des missiles se dissiper dans mes rêves.

ATTERRIR À UN MARIAGE

Avoir fait le tour de la terre dans un avion commercial n'était pas assez pour le père Johns. Il voulait en voir plus, découvrir de nouvelles cultures, de nouveaux modes de vie. Après tout, il voulait devenir missionnaire, un prêtre sur le terrain.

Alors il a pris une décision. À l'âge de 45 ans, en 1973, il a acheté son propre avion, un petit Cessna 182, réalisant son rêve de jeunesse de devenir pilote.

Obtenir son permis de vol n'était pas facile pour le père Johns et cela lui a pris trois essais avant de réussir les tests à l'aéroport de Saint-Hubert. Lorsqu'il a finalement reçu cette estampe tant désirée, lui permettant de voler seul, il avait tellement envie de voir le monde des nuages qu'il a commencé à utiliser son avion encore plus souvent que sa voiture.

Il a fait cela durant une bonne quinzaine d'années.

Il se rendait partout en avion, même aux mariages.

J'étais très heureux d'avoir un avion.

Je l'ai acheté un vendredi, et le samedi, je volais vers un petit village près de la ville de Québec pour célébrer un mariage. C'était très intéressant, puisque c'était mon premier vol d'une longue distance.

Ce n'est pas tous les jours que vous voyez des prêtres s'envolant pour célébrer un mariage, mais les gens étaient habitués de me voir faire les choses différemment.

J'étais un prêtre différent des autres.

J'ai assisté à une tradition intéressante qui se déroulait après le mariage. Nous nous rendions tous en voiture à la réception. Conduisant le long d'une

Un mariage ! Il en a fait pas mal. Ici, avec la mariée Molly Waid, dans les années 1970.

route de campagne, nous arrivions devant une barrière de balles de foin auxquelles on avait mis le feu, bloquant la route. Rendus à ce point, nous devions arrêter. Des gens venaient aux voitures, offrant à tous du whisky ou du vin, en hommage aux époux qui se rendaient à leur souper.

C'était très apprécié et différent, et je n'ai jamais vu cette tradition ailleurs. Bien sûr, offrir de l'alcool aux gens alors qu'ils conduisent ne semble pas très sage de nos jours, mais dans les années 1970, je trouvais cela intéressant et amusant.

PANNE D'ESSENCE AU-DESSUS DES BAHAMAS

Lorsque vous tombez en panne d'essence sur l'autoroute entre Montréal et Ottawa, il n'y a pas de quoi s'inquiéter. Vous n'avez qu'à pousser la voiture sur l'accotement et à appeler les services d'urgence pour qu'ils viennent remplir le réservoir. En les attendant, vous pouvez maintenant appeler vos amis pour rire un peu de votre mésaventure et parler du dernier match de football ou bien d'un nouveau salon de coiffure. Par contre, lorsque vous manquez d'essence à 6 000 pieds au-dessus de l'Atlantique, c'est un peu moins amusant...

C'est arrivé au retour d'Haïti. Nous étions trois dans un petit Cessna 182: trois prêtres, discutant de notre séjour et appréciant la belle température de l'été.

Je ne pilotais pas ce jour-là. Père Tom Brady était aux commandes, j'étais assis avec lui, assurant le rôle d'opérateur de la radio de bord, et Père Thomas McEntee était sur le siège arrière. Il y avait un radeau de sauvetage à côté de lui, que nous apportions toujours lorsque nous volions dans cette partie du monde.

Tout à coup, Père McEntee a regardé par le hublot. « À quelle distance sommes-nous de Miami? » demanda-t-il d'une voix inquiète.

À son 40ᵉ anniversaire, le père Johns a réalisé son rêve de piloter son propre avion. Ici, aux commandes, vers la fin des années 1970.

« À environ 300 kilomètres, ai-je répondu et au moment où je lui répondais, le pilote et moi avons tous les deux regardé l'indicateur de niveau de carburant. Attendez... est-ce que vous pensez à la même chose que moi ? »

« Oui ! Nous sommes en panne d'essence ! » lâcha Père Tom Brady.

Entre les discussions et l'observation de la mer sous nos pieds, nous avions complètement oublié d'arrêter à une des îles près d'Haïti pour faire le plein. C'était une belle journée, le vent soufflait du bon côté et nous avions décidé de continuer notre route. Les indicateurs étaient à zéro et il n'y avait rien à l'horizon. À mi-chemin entre Miami et Haïti, nos deux réservoirs étaient vides.

J'ai tenté d'appeler le garde-côte à Nassau avec la radio. Aucune réponse, aucun signal, rien.

C'était terrifiant. Notre avion devait entrer en contact avec eux afin de nous coordonner pour l'atterrissage.

Puisque nous n'avions pas de radar, nous devions employer un autre moyen pour les joindre.

Nous savions que si nous allumions notre émetteur de localisation d'urgence, le garde-côte recevrait le signal et enverrait un hélicoptère nous secourir. Il y avait deux dispositifs de ce genre à bord. L'un d'eux était attaché au fuselage de l'avion, afin qu'il transmette un signal si l'appareil s'écrasait. L'autre était à l'intérieur du radeau de sauvetage.

Je me suis retourné vers le siège arrière, où Tom lisait son livre de prières, et j'ai commencé à défaire le radeau. Cela l'a fait mourir de peur, craignant pour sa vie en cas d'écrasement sans celui-ci.

Priant pour que Nassau reçoive le signal sans problème, nous avons activé les émetteurs de localisation.

La seule chose que nous pouvions voir sous nous, c'était de l'eau. Dans les Caraïbes, il y a environ 10 000 îles, mais nous ne pouvions en voir aucune. Au moment où nous allions paniquer, j'ai vu quelques nuages vers la gauche. Nous savions, grâce à nos livres de météorologie, qu'aux endroits où il y a des nuages, il y a de la terre: c'était un axiome du pilotage au-dessus des eaux.

Nous avons fait tourner l'avion. Je ne sais pas combien d'essence il restait, mais puisque nous volions à 6 000 pieds, nous étions hors de danger parce que cela prendrait du temps à descendre à zéro.

Encouragés, nous nous sommes dirigés vers ces blancs et moelleux nuages qui devaient nous sauver. Tandis que nous nous rapprochions et que nous sommes entrés dans les nuages, nous souhaitions qu'il n'y ait pas de montagne sur notre chemin. Nous rapprochant de la surface de la mer, nous avons entrevu une île. C'était une des îles des Bahamas, Andros, d'une superficie d'environ 6 000 kilomètres carrés.

Heureusement, il nous restait un peu d'essence; le moteur tournait encore. Nous avons pu distinguer une petite route, un peu plus large qu'un sentier. J'ai suggéré que nous nous alignions sur celle-ci et que nous atterrissions. Nous nous sommes alignés sur l'île. J'ai regardé par la fenêtre du côté. À notre grand étonnement, invisible du haut des nuages, il y avait là un aéroport!

Sans attendre plus longtemps, nous avons atterri à cet endroit. Nous ne nous sommes même pas préoccupés du sens du vent ni de savoir si le courant était ascendant ou non.

Heureusement, nous avons touché le sol sans dommages. Nous n'avions aucune idée de l'endroit où nous étions. Lorsque l'avion s'est arrêté, je me suis souvenu de ce que le pape Jean-Paul II faisait tout le temps. Il embrassait le sol. Cette fois, en sortant de l'avion, j'ai embrassé le sol moi aussi. Je ne sais pas si je l'imitais.

Quelques minutes plus tard, un hélicoptère des garde-côtes américains a émergé des nuages. Nous avons remercié les pilotes d'être venus si rapidement. Durant des mois après l'événement, nous avons attendu la facture des garde-côtes, nous demandant combien cela nous coûterait. Nous n'en avons jamais reçue. Ce fut un excellent service privé.

Par contre, nous avions toujours le problème du réservoir vide et nous avons appris rapidement qu'il n'y avait pas de station-service sur Andros. Nous étions pris sur cette île.

En regardant aux alentours, nous avons remarqué un autre avion à l'aéroport. L'évêque des Bahamas quittait pour les États-Unis. Une des personnes qui était venue le voir a demandé si tout allait bien et d'où nous venions. Ayant appris que nous étions en panne d'essence, il a dit qu'il avait un avion avec deux réservoirs, un au bout de chaque aile. Cet homme si gentil s'est envolé vers une autre île, a fait le plein, puis est revenu remplir le réservoir de notre avion. Le problème d'essence était réglé.

Nous avons passé le reste de la journée à nous reposer dans le village, tentant d'oublier le stress du vol.

Nous nous sommes rendus à Miami le lendemain matin, cette fois-ci avec suffisamment d'essence pour le reste du voyage.

CONTREBANDE DE POMMES

Je n'ai jamais fait de contrebande de ma vie.

Étonnamment, j'ai été suspecté d'en avoir fait. À un tel point que mon avion a été fouillé de fond en comble.

C'est arrivé alors que le père Thomas Brady, le père Thomas McEntee et moi volions vers Fort Lauderdale. C'est un endroit dans le sud de la Floride connu comme étant la Venise de l'Amérique à cause des nombreux canaux sillonnant la ville. En touchant le sol, un officier des douanes et de l'immigration s'est approché de nous, regardant l'avion avec méfiance.

« Bonjour Messieurs », dit-il, sortant les mains des poches de son uniforme.

« Bonjour officier », avons-nous répondu à l'unisson.

« Vous volez, hein », continua-t-il.

Oui et nous trouvons cela bien plaisant, officier, dis-je en souriant. Cette ville est très agréable. Plusieurs voies navigables, comme nous avons pu le constater d'en haut, ai-je ajouté.

« Voies navigables... oui, dit-il comme s'il croyait que je disais cela uniquement par gentillesse. Eh bien, messieurs, mettons de côté les voies navigables et ouvrez la porte de votre avion s'il vous plaît. Nous devons l'inspecter. Prenez tous vos bagages et apportez-les au bureau des fouilles, s'il vous plaît. »

Nous avions plusieurs petits sacs. C'était plus facile de voyager avec ceux-ci qu'avec de plus gros, puisque cinq petits sacs pouvaient entrer dans le coin de l'avion, comparativement à un seul gros. Alors, nous avons pris un chariot, empilé tous nos sacs et nous nous sommes rendus à l'édifice des douanes.

Tandis que nous étions occupés à faire cela, un autre homme en uniforme a commencé à inspecter l'avion. Je ne crois pas qu'il était des douanes ou de l'immigration, mais plutôt de l'agriculture. Il y a une loi aux États-Unis stipulant

Non, il ne s'est pas acheté un avion militaire, mais il a bel et bien fait un tour dans ce Snowbird, avec l'équipe acrobatique, dans les années 1950.

que nous ne pouvons pas entrer au pays avec des fruits ou des légumes. Il voulait être certain que nous n'en avions pas.

Après avoir aligné les sacs dans le bureau, nous avons commencé à les ouvrir. Le même homme qui nous avait approchés à notre arrivée a pris un des sacs et en a sorti une bouteille de vin. Il a regardé l'étiquette, son visage s'est allongé et il a pris un air étonné. C'était une bouteille de vin de messe. Il a glissé sa main dans un autre sac et en a sorti une étole, une longue et mince bande de tissu que le prêtre porte sur ses épaules durant la messe. Après l'avoir observée pendant quelques secondes, il nous a regardés.

« Êtes-vous prêtres ? » demanda-t-il d'un ton plus gentil qu'auparavant.

Nous avons acquiescé de la tête.

« Bienvenue aux États-Unis ! »

Il n'a pas fouillé davantage. Nous avons repris les sacs et les avons replacés dans l'avion.

J'étais très heureux qu'il n'ait pas trouvé les pommes et les oranges que j'avais apportées pour le voyage !

EN PLEINE AGITATION GUATÉMALTÈQUE

Parmi ses aventures internationales, il y a eu un vol jusqu'au Guatemala, déchiré par une guerre civile à l'époque, au début des années 1970. Pour le père Johns, s'y rendre et voir comment les prêtres et les sœurs missionnaires travaillaient lui a démontré à nouveau que le monde avait besoin de gens pour venir en aide aux autres.

Gua-te-ma-la...

Oui, c'était vraiment une aventure mémorable.

Dans les années 1970, ce pays relativement petit était ravagé par la guerre civile. Cela a bien entendu attiré toutes sortes d'activistes de la paix, et l'église catholique était l'une des premières à envoyer des missionnaires pour venir en aide aux civils. Je connaissais quelques sœurs du Canada qui travaillaient dans la ville de Guatemala.

Les sœurs étaient contentes de constater à quel point nous étions heureux de les voir. Nous étions surtout soulagés de les trouver vivantes dans un si dangereux pays.

Nous sommes arrivés un samedi et, le lendemain matin, nous sommes allés à l'église, au centre de la ville de Guatemala. Fait à noter, la moitié de l'église était réservée aux hommes et l'autre, aux femmes. Ils étaient séparés durant la messe! C'était une messe catholique, mais complètement différente des autres messes que j'ai vues. Tout y était intéressant et très spécial.

Après la messe, tous sortaient de l'église et se dirigeaient bruyamment vers le marché. Le marché local, *el mercado*, énorme, coloré et agité, est une des raisons de plus pour lesquelles les Guatémaltèques vont à l'église, car après ils vont tous au marché!

C'était génial de rencontrer les gens, employant mon vocabulaire espagnol très limité, mais utilisant principalement des gestes et des mimiques. L'un d'eux, qui avait compris que j'étais un prêtre catholique, m'a demandé s'il pouvait se confesser. J'ai été surpris sur le coup, mais j'ai accepté, même si je savais que je ne comprendrais pas ce qu'il me dirait. Mais j'ai compris qu'il voulait me parler de ses péchés ouvertement et que je lui donnerais l'absolution parce que je savais que Dieu comprendrait cette langue qu'il parlait. C'était une expérience riche. Je me sentais un peu plus comme un prêtre et moins comme un touriste.

À la fin de la journée, nous avons rejoint les sœurs au couvent. Juste à côté, il y avait un champ utilisé par l'armée guatémaltèque pour l'atterrissage de leurs hélicoptères. De l'autre côté de la rue, relié par un mince câble, il y avait le presbytère de la paroisse. Il s'agissait en fait un câble téléphonique, installé pour que les sœurs puissent parler au prêtre s'il y avait une urgence telle qu'une fusillade ou l'explosion d'une bombe.

Après notre rencontre, une des sœurs – son nom était sœur Green – nous a invités pour le souper dans un restaurant du quartier. Dévorant du poisson et du riz avec de la sauce chili, nous écoutions les récits de cette jeune femme dans un pays en guerre. Elle semblait fatiguée et épuisée de vivre avec l'armée et les rebelles, mais elle était heureuse de retourner à Montréal le lendemain.

Tout à coup, nous avons entendu un fort bang dans la pièce, et j'ai été témoin du plus haut sursaut que j'aie jamais vu, de la part de sœur Green. Un garçon de table avait échappé une pile de vaisselle, mais pour la sœur, cela ressemblait à un tir. Ses nerfs étaient visiblement à vif.

C'était compréhensible. Les sœurs vivaient au jour le jour, sans savoir si elles seraient enlevées, violées, tuées ou tout cela à la fois.

Ces femmes étaient des activistes de la paix et elles désapprouvaient fortement les combats et ceux qui y participaient.

* * *

Nous avons rencontré une autre personne dans la ville de Guatemala.

C'était le père Timmons, aussi un missionnaire catholique, mais qui avait une manière différente d'aider les civils. Lui et plusieurs autres prêtres utilisaient de petits avions pour rendre visite à ceux qui vivaient dans les montagnes. Tous les jours, ils transportaient les malades et les conduisaient dans les hôpitaux de la ville.

Le père Timmons nous a raconté que les choses allaient de mal en pis au pays. Par exemple, peu de temps avant notre arrivée, les soldats avaient déplacé les autochtones, qui vivaient dans un des villages voisins près du littoral, jusque dans les montagnes parce qu'ils avaient trouvé du pétrole à cet endroit. Peu de temps après, du pétrole avait été trouvé au nouvel endroit où ils avaient relocalisé les autochtones et ils les ont déplacés à nouveau. Les gens n'appréciaient pas vraiment cela. La tension augmentait.

Le prêtre nous a également confié qu'il pressentait qu'il serait tué par les militaires guatémaltèques durant un de ses voyages dans les montagnes.

Quelques semaines après avoir quitté le Guatemala, nous avons appris que lors d'un voyage vers un village, il était tombé dans un canyon et que son avion avait explosé.

Les avions n'explosent pas habituellement sans qu'il y ait agression de l'extérieur ou un problème technique. Personne n'a pu prouver que c'en était la cause parce que l'armée a interdit qu'on aille voir le lieu de l'accident et le corps. Personne n'a su ce qui s'était véritablement passé. Par contre, il a été prouvé que les deux côtés du canyon où le père Timmons volait étaient élevés et qu'il aurait été facile de l'atteindre de ces endroits avec un bazooka.

Il n'était qu'un parmi de nombreux missionnaires qui, depuis des siècles, sont morts en accomplissant leur devoir.

PADRE SIN PELO

Le Mexique était extrêmement pauvre au moment de ma visite dans les années 1970.

Comme dans tous les pays pauvres, les gens y sont très gentils lorsque vous l'êtes aussi avec eux. Je parlais un peu espagnol, ayant suivi un cours au séminaire pour devenir missionnaire. Même mes petites connaissances impression-naient beaucoup les Mexicains. Ils aimaient que les gens parlent leur langue, contrairement aux anglophones, qu'ils traitaient de « stupides Américains ».

À Mexico, nous avons été invités chez le gérant de Canadian Pacific Airlines – qui n'existe plus de nos jours – et c'est à cet endroit que j'ai obtenu l'un de mes premiers surnoms.

Il y avait trois enfants dans cette famille: des enfants charmants qui voulaient savoir qui étaient ces *gringos*. J'étais assis dans la salle de séjour à leur parler tandis que les parents étaient dans la cuisine. Le père a entendu la voix de la petite fille et lui a demandé à qui elle parlait.

« *Padre sin pelo* », répondit-elle, souriante.

Cela signifie « le prêtre sans cheveux ».

C'était mon surnom espagnol. Chaque fois qu'ils me demandaient mon nom, je disais *Padre sin pelo*. Les Mexicains ont beaucoup de cheveux et sont assez poilus sur les bras et les jambes. Et moi, je n'en avais qu'un tout petit peu sur la tête !

VOYAGE AUTOUR DU MONDE EN AVION CESSNA

Pour certains, voler autour du monde serait le voyage de toute une vie. Mais pas pour le père Johns. Après avoir acheté un avion Cessna, son enthousiasme sans fin l'a conduit à un plan que ses amis jugeaient complètement fou: un voyage autour du monde dans un avion privé à un moteur et à quatre sièges.

Son ami de longue date, le père McEntee, qui le connaît depuis les années 1940 et qui a volé à bord du Cessna en sa compagnie vers Haïti à quelques occasions, pense que quelqu'un qui planifie un tel voyage sort définitivement de l'ordinaire.

Prêt pour voler jusqu'à l'autre bout du monde ! Le père Johns devant son Cessna, au début des années 1970.

À un moment donné, il a presque tout dépensé l'argent qu'il avait pour équiper son petit avion pour faire un tour du monde !

Aucun d'entre nous, ses amis, ne l'encourageait à le faire. Moi-même, j'ai été très véhément envers lui en lui disant : « Je pense que c'est un projet dangereux, ne le fais pas. » Il m'a demandé de me joindre à lui, mais je n'étais pas prêt pour un voyage autour du monde dans cet avion. Voler d'un continent à l'autre avec l'expérience que j'avais eue au retour d'Haïti lorsque nous avions manqué d'essence ! Tout pouvait arriver !

Il était déterminé, mais pour une raison que j'ignore, son projet ne s'est jamais concrétisé. Une chose est certaine : c'est un homme très aventureux.

Père Thomas McEntee,
ami et ancien collègue de classe du père Johns

ACADÉMIE QUEEN OF ANGELS : ENCORE DES FILLES !

Quelque temps après Marion Hall, le père Emmett Johns a été muté à une autre école pour jeunes filles, nommée l'académie Queen of Angels. Il semblait que travailler avec les filles était son destin et il s'entendait très bien avec elles.

Cette nouvelle institution n'avait cependant rien en commun avec la précédente ; c'était une école secondaire catholique « normale ».

La directrice actuelle de l'académie Queen of Angels, sœur Joanne Dion, y était étudiante en 1966, quand le père Johns y est arrivé comme aumônier.

À Queen of Angels, les sœurs traitaient le père Johns avec de belles manières en tant que père aumônier. Pas d'inquiétude – il était le seul homme de tout le personnel de l'école !

Il y a une très belle salle à Queen of Angels ; nous l'utilisons maintenant pour le conseil d'administration. Il y a une tête d'orignal au mur et nous l'appelons la salle de l'orignal. Selon la tradition, une des sœurs servait le repas du père aumônier, assis tout seul dans la splendide salle.

Même étant prêtre, il adore la compagnie des femmes. Ici, dansant avec une amie lors d'un bal de finissants à l'école pour filles Queen of Angels, dans les années 1960.

Je pense qu'il y est resté environ deux jours.

Après cela, il se tenait en bas à la cafétéria, accoté contre le comptoir en mangeant bruyamment pendant que les gens passaient. Ainsi, à partir de ce jour, il a mangé dans la salle à manger avec les sœurs !

Sœur Joanne Dion,
directrice de l'académie
Queen of Angels

«JE VAIS VOUS CONDUIRE! MONTEZ, LES FILLES!»

Quelques filles de l'académie ont même eu l'expérience de voler dans le ciel.

Père Johns avait son petit avion à l'époque.

Il aimait se promener à son bord. Le prix de l'essence étant ce qu'il était, il offrait toujours gracieusement des promenades dans son avion. Il était très à l'aise avec celui-ci. C'était comme s'il conduisait une voiture. Il disait: Je vais vous conduire, montez! Cela signifiait qu'il nous offrait une promenade dans les airs.

C'est la seule fois où je suis montée dans un si petit appareil. Il avait offert de ramener sœur Noella, quelqu'un d'autre et moi-même. Nous sommes allées hors du terrain d'aviation et c'était une journée assez froide. La première chose que nous devions faire était de gratter le givre sur les ailes avec des grattoirs pour les pare-brises de voiture.

L'intérieur de l'avion était comme l'intérieur d'une Volkswagen: une très petite cabine avec deux ailes. Nous avons décollé; c'était mon tout premier vol. Nous avons sur-volé toute l'île de Montréal et avons pu voir les plus beaux sites quand il nous a dit:

« Eh bien, nous devons rentrer bientôt. »

Je pensais: « *Wow*, cet homme sait vraiment voler! »

Tout à coup, il est tombé du ciel comme une roche, comme dans un ascenseur, et il a atterri. Lorsque nous sommes sorties de l'avion, nous avons regardé père Johns, toujours tremblantes après un si brusque atterrissage.

« C'était plutôt rapide! » dit l'une de nous.

« Regardez derrière », répondit-il.

En nous retournant, nous avons vu un énorme avion de ligne qui atterrissait.

La tour de contrôle m'a dit: « Vous êtes mieux de descendre avant lui, ou bien vous attendrez un autre 20 minutes, parce qu'il y aura trop de turbulence dans l'air », dit le père Johns, ajoutant que, dans le ciel, il n'avait pas eu le temps de nous l'expliquer.

Il a ri et a dit qu'il avait trouvé cela drôle. Il était en contrôle et savait ce qu'il faisait, mais nous avons toutes eu la surprise de notre vie.

Sœur Joanne Dion,
directrice de l'académie Queen of Angels

PÈRE JOHNS LE CHAPERON

« Aaah, ce n'est pas un endroit pour s'embrasser ! »

C'est ce que je disais quelquefois aux filles de l'académie Queen of Angels durant les bals, où elles invitaient leur amoureux.

Je devais m'assurer qu'elles agissaient convenablement.

Une de mes tâches était de reconduire les filles de l'hôtel où avait lieu le dîner à la salle où se tenait la danse.

Bien sûr, je dansais aussi avec elles. Elles m'ont appris comment danser, comment bouger les épaules. J'ai apprécié chacune de ces minutes !

À ces fêtes, je buvais généralement du vin, mais juste du bout des lèvres.

Puisque j'étais aumônier à Queen of Angels et à Douglas en même temps, j'assistais aux bals de ces deux endroits. Une fois, j'ai été invité à une fête au Château Frontenac par les filles qui graduaient de Douglas, de jeunes infirmières qui vivaient dans la ville de Québec.

Cette nuit-là, j'ai escorté sept ou huit étudiantes à la disco du Château. Je dois dire que j'ai fait toute une impression parmi les autres clients au bar. J'étais un homme

Qui n'aime pas les fêtes? Certainement pas le père Johns!
En compagnie d'une amie à un mariage, au début des années 1970.

accompagné de huit femmes! Imaginez, quand tant de jeunes femmes entrent dans un bar, tous les hommes commencent à les compter et à les observer, et tout d'un coup, un homme entre à leur suite! J'avais environ 40 ans à l'époque.

Ils ont dû croire que j'étais un homme très riche.

DURS MOMENTS DE LA VIE

Être entouré de femmes durant tant d'années de sa vie n'est pas simple pour un homme, même pour un prêtre. Marion Hall et ensuite Queen of Angels ont été source de questionnement de temps en temps, mais pas pour très longtemps.

Rester célibataire toute sa vie peut être difficile.

Au séminaire, c'était plus facile parce que les étudiants étaient tous des hommes. Je n'ai rencontré des filles que durant mes emplois d'été; par exemple, alors que je

Parfois, un petit repos bien mérité sous le soleil est nécessaire. Le père Johns sur une plage d'Hawaii, en compagnie d'une amie, dans les années 1960.

manœuvrais l'ascenseur à l'hôpital St. Mary's. Je parlais à plusieurs infirmières, mais c'était principalement parce que j'étais intéressé à en apprendre davantage sur les personnes que je ne connaissais pas.

Puisque je ne voyais pas souvent de femmes durant mes études, ce n'était pas bien difficile de respecter le vœu de chasteté. Par contre, j'ai réalisé très rapidement qu'être célibataire ne serait pas toujours facile.

En fait, il y a eu des situations où j'ai cru que j'allais presque changer de carrière. C'était difficile de rencontrer des gens jour après jour et de devoir détourner le regard. Après mon ordination, j'ai rencontré des femmes qui sont devenues importantes pour moi. Nous étions amis, mais toujours des amis platoniques. À un moment ou à un autre, elles se mariaient et m'invitaient à célébrer leur mariage et à baptiser leurs enfants.

Je n'avais rien contre les femmes. De temps en temps, une possibilité de mariage me traversait l'esprit. Mais il y avait d'autres choses bien plus importantes.

J'avais un travail à faire. J'avais une mission. Dans notre église, vous ne pouvez pas avoir les deux. Il y a d'autres religions où les prêtres peuvent se marier. Mais dans l'église catholique romaine, vous devez faire le choix, l'un ou l'autre.

Et j'ai fait mon choix.

UN AUMÔNIER EN HAUTE MER

Faire le tour du monde et voler en avion n'étaient pas suffisant pour le grand voyageur qu'est le père Johns. Durant les années 1970, alors qu'il travaillait à l'hôpital Douglas et à l'académie Queen of Angels, il a signé un contrat de trois ans pour être aumônier... sur un navire de croisière sur l'Atlantique.

Cela pourrait sembler être une blague, mais ce ne l'est pas.

Dans la marine, il y a toujours un aumônier sur le navire. Les navires de croisière ont adopté la même politique. Certains de ces navires de croisière ont plus de 1 000 passagers. Et si ces personnes voulaient aller à l'église le dimanche ? Alors la compagnie a engagé un prêtre pour dire la messe.

Le salaire habituel n'est que le voyage gratuit sur le bateau.

Vous voyagez sur un bateau et, le dimanche, vous dites la messe.

La belle vie !

Un de mes amis, également prêtre, m'avait parlé de la possibilité de s'engager sur une telle croisière. Je cherchais un endroit où prendre mes vacances et cela m'a semblé un choix parfait.

Je suis parti quatre semaines.

Le navire sur lequel j'étais faisait habituellement des croisières dans les Caraïbes, à l'exception d'un voyage dans l'océan Pacifique vers les îles Galápagos.

Les voyages étaient très éducatifs.

J'ai compris que le tiers-monde n'est pas Montréal. Nous vivons dans un pays particulièrement riche, le Canada, mais quand nous allons dans les Caraïbes, la différence est plus grande que simplement la présence du sable et de la mer. Il y a aussi la pauvreté des habitants.

J'y ai rencontré des prêtres de paroisses locales, et leur ministère était très semblable au mien. Ils célébraient les mariages, les obsèques, ils enseignaient le catéchisme, mais c'était différent. Il y avait de la pauvreté parmi eux.

Une fois, à Haïti, le jour de Noël, j'ai invité quelques prêtres de la paroisse locale à monter sur le bateau et à prendre le repas de Noël avec moi. Nous sommes montés sur le navire et la première chose qu'ils ont vue fut le buffet de salades. Je n'oublierai jamais l'air ébahi sur leur visage. Ils n'avaient jamais vu tant de nourriture de toute leur vie.

Quand j'étais dans la ville de Panama, sur le trajet vers les îles Galápagos, nous étions trois du navire à marcher dans les rues. Nous parlions français, un signe évident que nous n'étions pas du coin. Tout d'un coup, quelqu'un a jeté un regard derrière une des personnes avec qui j'étais, a pris son portefeuille, contenant son passeport et son argent, et a déchiré sa poche sur toute la longueur de son pantalon.

Que devions-nous faire?

Sans plus attendre, j'ai couru vers l'homme et je l'ai touché de ma main droite. Je ne l'ai pas vraiment frappé, mais c'était suffisant pour l'effrayer et le faire fuir. Il a laissé tomber le passeport et le portefeuille et s'est sauvé.

C'était comme dans un roman; je ne suis pas intervenu souvent lors d'agressions.

Nous avons été chanceux qu'il n'ait pas été armé.

* * *

Un souvenir amusant à propos du navire est le repérage du radeau de sauvetage que je devais utiliser en cas de naufrage.

Dans le port de Miami, les gardes-côtes des États-Unis sont montés sur le bateau et ont annoncé qu'ils allaient superviser les exercices d'évacuation de secours. Ils avaient informé le capitaine que si cette procédure n'était pas suivie chaque fois que le navire quittait le port, il en serait banni. Être banni d'un port américain signifiait perdre beaucoup d'argent.

J'ai fait l'exercice et j'étais à la fois heureux et contrarié de me rendre compte que mon radeau de sauvetage était le même que celui du capitaine. Le côté positif était que c'était un très beau bateau. Le négatif était que la tradition voulait que le capitaine soit la dernière personne à quitter le navire avant qu'il coule!

Cela signifiait que j'aurais à attendre que le bateau coule avant de le quitter.

PÈRE JOHNS, PRÉSENTATEUR RADIO

Tout comme il n'y avait pas beaucoup de prêtres qui étaient moniteurs de tir pour la police, il n'y en avait pas beaucoup qui étaient présentateurs radio. Mais le père Johns n'était pas un prêtre ordinaire.

À la fin des années 1970, il a commencé sa propre émission de radio.

Un de mes amis, servant de messe quand j'étais assistant à Saint-Laurent, avait quitté l'école à l'invitation du directeur. Il s'est ensuite dirigé vers le domaine de la radio, vendant du temps d'antenne pour les publicités. Il y était très bon et il a grimpé dans l'échelle de la compagnie, jusqu'à devenir directeur général de CFCF.

Il me disait: «Eh, je me demande ce que Pat en pense!» Pat était l'assistant du directeur qui l'avait renvoyé de l'école. Chaque fois qu'il obtenait une promotion, il pensait à Pat et disait: «Je leur ai montré! Je leur ai montré que je peux faire mieux qu'ils pensaient!»

Il était très motivé parce qu'il avait été renvoyé par cet homme et qu'il voulait lui faire voir ce dont il était capable.

Un ministre faisait une émission religieuse à cette station depuis des années. Un jour, il a quitté l'antenne et son fils a pris la relève. Mais je suppose qu'il ne faisait pas bien le travail. À chacune de mes visites à la station, mon ami me demandait quand j'allais venir y travailler pour faire cette émission. J'ai toujours répondu : « Quand tu me le demanderas ! »

Et il me l'a finalement offert.

« Il y aura sept semaines de libres pour faire l'émission de 22 h à minuit, me dit-il. Pourquoi n'essaierais-tu pas ? Nous verrons ce qu'il en est ! »

J'ai accepté l'emploi.

Je n'ai jamais été payé pour cela. À Noël, j'ai eu une fois une bouteille de scotch ; c'était mon salaire pour l'année.

Les premières sept semaines, jai fait l'émission seul avec des invités.

Un des sujets dont j'étais certain de la popularité était l'homosexualité. Si vous mentionniez ce mot, les téléphones se mettaient à sonner. Tout le monde voulait en parler et à cette époque, la plupart des gens voulaient dire à quel point ils trouvaient cela terrible. Alors je me suis promis que je n'en reparlerais jamais plus, ce que j'ai fait.

Sept semaines avaient passé et les gens commençaient à demander à la station pourquoi il n'y avait pas un prêtre anglican ou presbytérien, ou encore un rabbin. Alors, nous nous sommes retrouvés quatre à l'émission, de quatre religions différentes.

Nous faisions une rotation. Une semaine c'était l'un de nous, puis un autre et un autre, puis une semaine, nous étions tous les quatre.

J'ai continué cela durant environ cinq ans.

PORTEFEUILLE PERDU

Ce n'est jamais très amusant de perdre son portefeuille.

Une nuit, il y a eu un problème avec les conducteurs de la roulotte Dans la rue. La personne qui devait conduire la roulotte ne pouvait pas le faire, alors je l'ai fait. Habituellement, les dimanches, je ne conduisais pas parce qu'il y avait l'émission de radio. Ce dimanche-là, j'ai conduit la roulotte pour la première moitié de la soirée, puis je suis allé faire l'émission, et je suis retourné conduire pour le reste de la nuit.

Au milieu de tout cela, j'ai perdu mon portefeuille.

C'était l'hiver et il y avait beaucoup de neige. J'ai dû prendre un taxi du centre-ville jusqu'à la station de radio dans le quartier Parc-Extension. Quand je suis arrivé à la station, j'ai regardé dans mes poches pour vérifier que je n'avais pas laissé mon portefeuille dans la salle d'attente. Je ne le trouvais pas.

La première chose que j'ai faite a été de téléphoner à la compagnie de taxis. Ils m'ont demandé si c'était moi qui avais appelé un taxi ou si j'en avais hêlé un sur le bord de la route. Bien sûr, j'en avais hêlé un, alors ils ne pouvaient rien faire pour m'aider à le retrouver.

J'ai mentionné ces déboires à la radio. Quelques minutes plus tard, une femme a téléphoné.

« Père, vous m'étonnez beaucoup, dit-elle. Pourquoi ne priez-vous pas saint Antoine ? Il trouvera votre portefeuille pour vous. »

Saint Antoine est le patron des objets perdus.

« Oui, c'est une bonne idée, lui répondis-je. Je crois que je le ferai. »

La personne suivante a dit qu'elle ne croyait pas au fait de prier les saints. Une discussion a débuté et a continué pour le reste de l'émission.

Lorsque je me suis levé le lendemain matin, la secrétaire m'a dit qu'une femme avait appelé de la paroisse St. Anthony et qu'elle voulait me parler. Je l'ai rappelée. Elle a dit qu'elle me connaissait du temps où je travaillais dans sa paroisse. Mais ce n'était pas tout.

Elle a aussi dit que son fils était mon conducteur de taxi de la veille.

Et qu'il avait retrouvé mon portefeuille!

Elle habitait à deux portes de l'église St. Anthony.

Vous imaginez!

«MON OPINION SUR LA PEINE DE MORT»

Je suis encore ambivalent.

Deux de mes amis ont été tués dans un vol de banque. Je dois avouer que je n'ai aucune pitié pour leurs tueurs. Je me suis même porté bénévole – c'était à l'époque où j'étais moniteur de tir – pour participer à la recherche de ces hommes.

J'aurais actionné sur la gâchette sans hésiter.

Il y a un tueur en série, à Vancouver, qui a tué plus de 40 femmes. Si je l'avais attrapé, j'aurais exigé la peine de mort. Laissez-le régler son problème avec le Patron.

Je me souviens qu'un des appels les plus impressionnants que j'ai eu lorsque je travaillais à l'émission de radio fut celui d'une Afro-Canadienne, au temps où le Parlement votait pour le retrait de la peine de mort.

Elle parlait et j'écoutais.

Vous pouviez presque entendre tous les auditeurs l'écouter.

Son frère était un gardien de prison dans les îles. Un des prisonniers, un de ses amis, planifiait une évasion. Son frère ne devait pas travailler ce soir-là, mais il avait changé d'horaire avec un autre. Le criminel, en se sauvant, a tué son frère.

Il a été attrapé plus tard, a subi un procès, puis a été reconnu coupable.

Quand le juge est apparu portant le chapeau noir au lieu du blanc, le verdict était clair. Il n'y avait rien de plus à dire. Il n'y avait aucune autre alternative à la sentence: c'était la mort par pendaison.

Alors qu'il commençait son discours, une femme s'est levée. C'était la mère du gardien qui avait été tué. C'était extraordinaire qu'elle ait osé se lever et parler – une femme, une femme noire –, particulièrement parce que c'était avant que le fait de consulter la famille des victimes dans un procès soit chose courante.

«Votre Honneur, j'aimerais que vous preniez ceci en compte, dit-elle calmement. La mort d'un fils est une terrible tragédie, et la mort d'une seconde personne devrait être évitée dans cette cour et dans toute autre cour.» Elle s'est rassise.

Le verdict ne pouvait pas être changé; le juge n'avait pas le choix. Le crime étant ce qu'il était, la sentence resterait la même. Mais c'était stupéfiant que cette femme ait eu le courage, les nerfs de se lever et de parler de la sorte. La plupart des mères auraient dit: «Brûlez-le! Ne le pendez pas, brûlez-le!» Mais pas elle.

J'étais sans voix.

CHAPITRE 4

DANS LA RUE

« Il voulait être missionnaire, aller dans d'autres pays. Je lui ai dit : "Père, votre mission, vous la faites déjà à Montréal. Vous voulez une jungle ? Elle est à Montréal. Partout dans le monde, il y a une jungle où il y a des gens." »

Dale Douglas, ancienne étudiante à l'école de détention Marion Hall pour jeunes filles

Il les aime. Ils l'adorent. Les jeunes de Dans la rue et leur grand-papa, Pops, dans les années 1990.

LE GRAND RÊVE

Le père Johns avait 60 ans lorsqu'il a décidé d'entreprendre son nouveau projet. L'idée ne lui est pas venue du jour au lendemain, mais s'est plutôt formée au cours des années. Il a compris que ce qu'il préférait était de travailler avec les jeunes, particulièrement avec ceux dans le besoin – les enfants de la rue, les jeunes en difficulté, ceux qui n'ont bien souvent personne vers qui se tourner.

Il a nommé son projet Le Bon Dieu dans la rue et a commencé à conduire dans les rues de Montréal, distribuant gratuitement de la nourriture aux jeunes, punks, hippies, drogués, prostituées et fugueurs. Ce projet fonctionne depuis plus de 18 ans et lui a valu son surnom de Pops.

Les Canadiens français ont de la difficulté à prononcer le nom Emmett Johns. Emmett est un drôle de nom et quand j'étais enfant, ils m'appelaient « La Mite ». Mais cette fois, je ne les ai pas laissés s'en sortir ainsi. Je leur ai dit : « Appelez-moi Pops. »

Et Pops a des rêves. Il en a toujours eu.

Êtes-vous prêts pour un tour de roulotte?

Un de mes rêves d'enfance était de devenir missionnaire. J'ai étudié au séminaire de la Scarboro Foreign Missions Society dans le but d'aller travailler en Chine et d'aider les Chinois. Mais puisque les recteurs ont décidé que je n'avais pas la vocation de missionnaire, ce n'était pas destiné à se produire.

J'ai abouti à Montréal et j'ai accepté le fait que je pourrais être missionnaire à cet endroit.

Au départ, je ne savais pas vraiment quel type de missionnaire j'étais. Un jour, alors que je venais d'avoir 60 ans, j'ai souffert durant environ six mois d'une sévère dépression. À la suite de ma guérison, j'ai vu la lumière au bout du tunnel, qui m'a illuminé et m'a dit quel type de missionnaire je serais. Jusqu'à ce jour, j'avais travaillé avec les jeunes dans les écoles secondaires, un hôpital, des collèges et plusieurs autres endroits. Je savais à présent que je m'impliquerais auprès d'eux d'une manière beaucoup plus importante.

Ce jour-là, je me rendais à une réception de mariage et j'écoutais la radio dans la voiture. Un homme de Toronto était interviewé à propos de son organisation nommée Covenant House. Il faisait une chose très simple. Il conduisait une roulotte dans le centre-ville de Toronto, offrant de la nourriture aux jeunes, des vêtements et quelques conseils. Avec le temps, il arrivait à les convaincre de rester dans un refuge. Je me suis dit : « Eh, j'aimerais faire cela au lieu d'être dans une église entouré de plusieurs personnes que je ne connaîtrais probablement jamais très bien ! »

C'était un samedi et le lundi suivant, je suis allé à Toronto. Après quelques jours à cet endroit, j'ai parlé à plusieurs personnes, dont cet homme qui conduisait la roulotte. De retour à Montréal, j'ai décidé que c'était ce que je voulais faire.

Tout était clair comme de l'eau de roche dans mon esprit et tout ce qui restait à faire était de mettre la théorie en pratique.

J'ai écrit à mon supérieur, le vicaire épiscopal, demandant la permission de lancer ce projet et de me libérer de ma paroisse aussitôt que le projet commencerait. J'avais une bonne paroisse à Lac-Saint-Louis, à Lachine, un beau petit village. Je savais qu'il n'aurait aucun problème à me remplacer. J'ai aussi mentionné dans la lettre que même si je n'obtenais pas la permission, je quitterais la paroisse de toute manière.

La réponse de mon supérieur fut positive: «Si vous voulez le faire, me dit-il, vous feriez tout aussi bien d'aller de l'avant.» Ses derniers mots avant de me donner la permission furent: «Qui vous donnera un salaire?»

Et j'ai répondu: «Le bon Dieu!»

DIRE ADIEU À LA DÉPRESSION

Dr François Lehmann connaît le père Johns depuis plus de 40 ans et a été son médecin de famille durant 20 de ces années.

Il a dit que Le Bon Dieu dans la rue était le moyen pour le père Johns de surmonter sa dépression, qui était si sévère qu'elle aurait bien pu le tuer.

Quand le père Johns est venu me rencontrer en 1989, il avait tous les symptômes d'une profonde dépression. Il avait des idées suicidaires. Il n'était pas découragé au point de se suicider, mais je pense que s'il n'avait pas été traité, il y aurait eu un grand risque.

C'est un homme génétiquement programmé pour la dépression, mais son corps répond assez bien aux antidépresseurs. Ce jour-là quand il s'est présenté à mon bureau, il y a 18 ans, il traversait une période de changements dans sa vie professionnelle en tant que prêtre. Il cherchait à faire quelque chose qui pourrait le satisfaire, et le fait de ne pas trouver le préoccupait. Cela a entraîné sa dépression. Mais le père Johns a toujours eu beaucoup d'imagination et il a eu rapidement l'idée de son nouveau projet, Le Bon Dieu dans la rue. Je l'ai encouragé parce que je sentais que c'était quelque chose de nouveau. C'était également un projet où il pourrait appliquer son talent à travailler avec les jeunes.

Il semblait passionné par cette idée. Lorsque quelque chose nous passionne, la dépression s'en va d'elle-même. L'évêque auxiliaire du diocèse de Montréal l'a encouragé également, et ce double encouragement de son médecin et de son supérieur l'a aidé à démarrer le projet et à combattre son état dépressif. Les antidépresseurs ont fait leur travail aussi, mais l'idée du Bon Dieu dans la rue l'a vraiment guéri.

Il est à l'aise avec les gens de tous les âges et de tous les groupes sociaux. Il aime beaucoup être avec les jeunes. Je pense que c'est cela qui a provoqué le succès de ce projet. Même aujourd'hui, à 79 ans, il continue à avoir des idées surprenantes, de nouvelles visions, de nouvelles manières de voir les choses.

Et il les aura toujours.

Dr *François Lehmann, médecin de famille*
du père Johns

SOUPER SUR ROUES

À Montréal, j'ai appelé quelques amis et commencé à mettre en place ce projet. Ma partenaire depuis le début est une jeune fille nommée Claudette. Nous étions les deux seuls « employés » au départ.

La première étape était d'obtenir un véhicule. J'ai acheté une roulotte pour 10 000 $. Elle avait 15 ans, était vieille et rouillée, mais roulait correctement. Je ne l'ai pas payée de ma poche. J'ai eu un chèque de la part de certains amis qui ont entendu parler de ce que je voulais faire et qui m'ont offert leur aide. Ensuite, je suis allé aux bureaux du gouvernement et j'ai demandé la plaque d'immatriculation la moins chère possible. Celle que j'ai obtenue provenait d'une série de plaques pour les voitures de police de Montréal, débutant par les lettres GM, pour «gouvernement municipal». J'ai appris par la suite que cela nous a aidés à gagner la confiance des jeunes de la rue, qui se méfiaient des gens du milieu, recherchant des prostitués hommes ou femmes, moins intéressés à les aider qu'à abuser d'eux.

La roulotte commençait son parcours dans les rues de Montréal à 21 h et terminait vers 3 h. Dès le début, nous avons fonctionné différemment de Toronto. Là-bas, seulement six personnes à la fois pouvaient entrer dans la roulotte. Ici, nous n'avions pas restreint le nombre de visiteurs.

Au début, nous n'avions personne dans la roulotte. Les premières nuits, personne ne se montrait. Les jeunes de Montréal étaient très prudents, paranoïaques concernant la nourriture que nous leur offrions.

Par contre, après quelque temps ils ont commencé à nous faire confiance. Pour eux, la roulotte était un endroit où trouver de la nourriture gratuite, mais avec le temps, elle a pris beaucoup plus d'importance.

C'est devenu un endroit où ils pouvaient aller et où ils savaient qu'ils ne seraient pas jugés.

C'est devenu un refuge.

La roulotte devait fermer ses portes à 3 h 30, mais quelquefois il y avait des urgences. Par exemple, il est arrivé que des jeunes devaient quitter leur appartement avant 3 h. Nous les aidions à déménager, donc nous ne rentrions pas chez nous avant 5 h.

De temps en temps, un jeune était malade ou faisait une surdose et nous l'amenions à l'hôpital. L'un de nous s'assoyait avec lui toute la nuit à l'urgence.

Nous commencions à être connus par les ambulanciers et les policiers, et ils nous saluaient lorsque nous entrions. Une fois, alors que ma voiture avait eu une crevaison, une ambulance est passée. Elle s'est arrêtée brusquement et le conducteur m'a aidé à remplacer le pneu. Habituellement, les ambulanciers sont trop occupés pour aider les citoyens à changer leurs pneus!

PROTÉGÉ DE TOUS LES CÔTÉS

La prochaine étape était d'obtenir une assurance pour le projet. Heureusement, j'avais des amis: un avantage que j'avais par rapport aux gens de Toronto, en un sens. Là-bas, les organisateurs étaient tous des jeunes, essayant de travailler avec les personnes de tous les âges. J'étais, de l'autre côté, un vieil homme de 60 ans, essayant de rejoindre les jeunes. Mais je connaissais beaucoup de gens. Certains étaient les parents des jeunes de la rue et parfois des gens importants comme une secrétaire de président d'une compagnie de téléphone, comme celle qui m'a offert le téléphone cellulaire que j'ai depuis 17 ans, sans aucuns frais.

Habituellement, on pourrait penser qu'il est plus difficile de travailler avec des policiers. Par contre, le chef de police Roland Bourget était un de mes bons amis depuis 30 ans. Quand je l'ai appelé, nous sommes allés dîner et je lui ai expliqué mon projet. Il a trouvé l'idée fascinante. Il m'a assuré que la police ferait tout ce qu'elle pourrait pour soutenir le projet et pour ne pas s'interposer. Elle ne ferait pas incursion dans la roulotte, les policiers n'effraieraient pas les jeunes réfugiés dans la roulotte en cas de mandat ou s'ils étaient recherchés par la police pour un acte criminel.

J'ai presque eu carte blanche. Tout le monde, peu importe sa situation, son dossier, pourrait désormais venir à la roulotte et la police ne l'importunerait pas.

Finalement, depuis l'époque où j'étais prêtre à la paroisse St. Anthony dans la Petite-Bourgogne, je connaissais les gangsters. Comme je l'ai fait pour l'officier de police, j'ai invité l'un des chefs des McGuire au restaurant et je lui ai parlé de mon projet. Il m'a assuré que je n'aurais jamais de problèmes avec les gangs et que les jeunes n'auraient pas d'ennuis non plus.

Une très bonne couverture !

LE BUNKER

La roulotte était une excellente idée et elle fonctionnait bien. Les jeunes commençaient à arriver de tous les quartiers de la ville. Il y en avait trop. Je savais ce qu'il fallait faire : leur trouver un endroit où se loger.

Le père Johns au Bunker de Dans la rue, dans les années 2000.

Il y avait des refuges à Montréal, mais il y en avait trop peu pour les jeunes dans le besoin. Alors notre premier projet après la roulotte, cinq ans plus tard, fut le « Bunker ».

C'est un nom intéressant que les jeunes ont donné à cette nouvelle partie du projet. C'était un immeuble à logements que nous avons loué à la Ville. Nous n'avions pas à nous inquiéter pour le permis, puisque la Ville nous le louait. Nous avons ensuite trouvé plusieurs bénévoles pour nous aider.

Les jeunes étaient les bienvenus dans la roulotte et pouvaient rester dans le refuge pour une durée de trois nuits. Mais ils devaient prendre une décision: s'ils voulaient quitter l'itinérance, ils devraient rester avec nous pendant une année et nous ferions de notre mieux pour les aider, voir à leur éducation, leur fournir nourriture et vêtements, et s'ils ne voulaient pas, ils devraient nous le dire après ces trois jours et nous trouverions d'autres services pour leur venir en aide.

Le Bunker était spécial parce qu'au moment où je l'ai créé, il n'y avait pas de refuge à Montréal qui acceptait les jeunes avec un animal de compagnie. Vous ne pouviez pas y entrer avec votre chien, ni votre chat, ni votre rat. Nous avons commencé à accepter les jeunes avec leurs chats, leurs rats, leurs serpents et tout le reste. Alors ils venaient parce que nous étions là, que nous pouvions les aider et que nous acceptions leurs animaux.

C'est drôle, mais leurs animaux m'aimaient. Je disais au maître: « Je n'ai jamais rencontré votre chien auparavant, pourriez-vous nous présenter? »

Nous nous serrions la main, ou plutôt la patte, pitbull ou non pitbull!

GAGNER LA CONFIANCE

Il est difficile d'établir un contact avec les jeunes de la rue.

Deux secrets m'ont aidé à m'en faire des amis.

Premièrement, comme tous les gens, ils aiment manger. La nourriture est importante. C'est comme aller à la pêche : on a besoin d'un hameçon pour attirer les poissons. Une fois qu'ils ont commencé à venir pour la nourriture, même pour un plat aussi simple que des hot-dogs, ils deviennent vos amis.

L'autre secret est de créer une atmosphère de confiance. J'ai créé cette atmosphère en étant avec eux quatre ou cinq nuits par semaine. J'y étais avec de la nourriture et je traitais tout le monde également. Je ne choisissais pas de donner de la nourriture aux filles uniquement ou seulement aux bons garçons, par exemple.

« Nous sommes diplômés ! » À la remise des diplômes de l'école de Dans la rue.

Ils ont si peu d'amis, et les amis qu'ils ont sont des jeunes de la rue. Mais ils n'ont des amis que dans la mesure où ils ont de l'argent. Ils se volent entre eux. Il arrive que certains jeunes tentent d'aider les autres en les invitant à demeurer dans leur chambre. Le lendemain matin, à leur réveil, la télévision est disparue, leurs vêtements sont disparus, tout a disparu. Ils trouvent difficile de faire confiance.

Mais moi, je n'ai pas besoin de leur téléviseur ; je n'ai besoin de rien de ce qu'ils possèdent. Je ne tente pas de les voler et ils le savent.

À la longue, les jeunes ont commencé à venir à la roulotte pas uniquement pour la nourriture gratuite ou pour me parler, mais aussi pour rencontrer leurs amis. C'est devenu un genre de club social.

Mis à part la nourriture, nous donnions aussi des vêtements aux jeunes.

Je me souviens que nous donnions des chaussettes. En hiver, les chaussettes sont très importantes. Mais je ne comptais jamais les chaussettes. Une fois, en déménageant un garçon, nous en avons trouvé une pleine boîte qu'il avait eue de nous. Chaque jour, il venait à la roulotte et en demandait une paire.

Il y a un autre jeune qui, chaque fois qu'il venait à la roulotte, demandait un pain de savon. De combien de pains de savon est-ce que vous avez besoin dans une année ? Mais nous le lui donnions chaque fois qu'il en demandait un.

Peu importe de quel pays provient le jeune ou sa nationalité, il a toujours besoin de nourriture. Nous avons une conception différente du coût de la nourriture. Nous offrons gratuitement deux hot-dogs et une tasse de café ou de chocolat chaud à chaque jeune. L'ensemble nous coûte environ 25 sous.

Certaines personnes disent que nous avons aidé plus de deux millions de jeunes. Presque tous ceux qui ont fait une fugue dans la province de Québec sont venus à notre porte à un moment ou à un autre. Nous les avons toujours accueillis sans faire d'histoires à propos de leur passé ou de ce qu'ils avaient fait pour arriver chez nous. Nous ne leur demandons jamais s'ils vendent de la drogue ou s'ils se prostituent. Nous ne les jugeons pas. Nous n'utilisons jamais le mot qui est habituellement employé pour désigner les femmes prostituées. Nous n'utilisons jamais de mauvais mots. Nous sommes devenus amis avec les jeunes et ils nous considèrent à leur tour comme des amis.

QUESTIONS D'ARGENT

J'ai conclu une entente avec Dieu.

Vous n'êtes pas supposé conclure d'entente avec Dieu, mais je lui ai dit : « Occupez-vous de l'argent, je m'occuperai des jeunes. » Nous avons cet accord et voilà pourquoi nous avons un budget annuel d'environ trois millions.

Lorsque j'ai commencé, un prêtre, un de mes amis, m'a donné 1 000 dollars. Puisqu'il était un vieux prêtre, j'étais très surpris qu'il m'ait donné tant d'argent. Je m'attendais à ce qu'il me dise : « Quelle idée ! Se promener la nuit à la recherche d'enfants ? Pourquoi un prêtre ferait-il cela ? »

L'évêque de Montréal m'a dit que si j'avais besoin d'aide, il m'aiderait. Je suis fier de dire que je ne lui ai jamais demandé quoi que ce soit depuis toutes ces années. Nous avons toujours eu suffisamment d'argent.

En ce moment, 20 % de l'argent donné provient de fondations et d'organismes et 80 % provient des individus.

C'est difficile à croire, mais c'est vrai : Le Bon Dieu dans la rue n'a jamais été dans le rouge. Il y a eu des moments où nous dépensions plus que nous ne ramassions, mais nous avions une réserve. Certains étudiants de quatre écoles secondaires se sont réunis pour faire un marchethon pour nous. Ils ont amassé 50 000 $. Ce montant représentait la moitié de notre budget durant plusieurs années.

Vous ne savez pas d'où l'argent provient, mais il arrive. Nous envoyons des lettres, nous remercions les donateurs. Nous n'acceptons pas d'argent du gouvernement parce que si nous le faisions, nous deviendrions ses employés ; il nous dirait comment utiliser son argent et nous demanderait de rédiger des rapports de dépenses.

Mais nous aimons obtenir de l'argent et nous le dépensons à notre manière.

Les gens nous font confiance !

LE GRAND-PÈRE

Au fil des années, le père Johns a aidé bon nombre de jeunes de la rue. Grâce à lui, plusieurs ont pu sortir de cette jungle et mener une vie normale.

Robert, 34 ans, est atteint du sida. Mais au lieu de déprimer, il a décidé d'aider bénévolement Le Bon Dieu dans la rue, conduisant la roulotte la nuit et aidant les jeunes autant que possible. Lorsque les gens le regardent maintenant, ils voient un beau jeune homme, bien habillé et poli, et rien ne peut donner d'indice de son passé trouble.

Il a commencé à consommer de la drogue étant adolescent et a été impliqué avec les motards. C'est à ce moment que Pops l'a aidé, bien qu'indirectement, à sortir de cette vie dangereuse.

Je connais Pops depuis que je suis un petit enfant. Il a marié mes parents et a aidé ma grand-mère quand elle a eu

Le père Johns au Bunker de Dans la rue, dans les années 2000

ses enfants il y a environ 45 ans. Il m'a baptisé et a marié quelques-uns de mes cousins et de mes tantes.

Nous l'appelions père, à l'époque, et c'est de cette manière que je m'adresse à lui encore aujourd'hui. Il amenait ma grand-mère et ses quatre enfants faire de l'équitation sur la plage. Il avait une voiture décapotable à ce moment-là et les enfants appréciaient beaucoup la promenade.

Lorsque j'étais plus jeune, j'avais une vie difficile et j'ai fini dans la rue. Je vendais de la drogue et j'en consommais. J'avais 12 ans lorsque j'ai commencé. À 13 ans, j'étais alcoolique et je prenais des drogues régulièrement. Je travaillais dans un dépotoir et, la nuit, je vendais des drogues. Je faisais beaucoup d'argent et c'est de cette manière que j'ai été impliqué avec un gang de la Rive-Sud de Montréal, appelé les Evil Ones, un sous-groupe des Hell's Angels. Aujourd'hui, je me rends compte que j'étais un gangster typique: une personne dangereuse pour la société.

Plusieurs de mes amis étaient dans les drogues et les Harleys, et leur vie et leur santé se dégradaient. Quelques-uns se rendaient à la roulotte pour obtenir de la nourriture, et Pops les aidait. Il les écoutait sans les juger, sans critiquer leur mode de vie. Il leur donnait de la nourriture, de l'argent et quelquefois il leur trouvait un endroit où se loger. Il les a aidés à retourner à l'école. Plusieurs ont cessé de prendre de la drogue grâce à lui. Mais voir mes amis tenter de sortir de cet enfer n'était pas un message suffisamment clair pour moi jusqu'à un certain jour.

Par intervalles, je fréquentais une fille. Un jour en particulier, elle m'a annoncé qu'elle était enceinte. Elle m'a aussi dit que c'était mon enfant. Cela m'a fait réfléchir à la manière dont je me comportais et, attendant mon enfant, j'ai décidé qu'il fallait changer mon mode de vie. J'ai décidé de vendre ma Harley et j'ai tourné le dos à tout, à mes amis et aux endroits que nous fréquentions.

Je suis sorti de la drogue.

Du jour au lendemain, j'ai cessé.

Finalement, cet enfant n'était pas le mien, mais je pense que cela m'a sauvé.

Commençant ma nouvelle vie, j'ai voulu faire la même chose que Pops. Je suis devenu bénévole pour Le Bon Dieu dans la rue, conduisant la roulotte trois ou quatre nuits par semaine, et prenant en charge l'entrepôt. En retournant à la maison un soir, je me suis endormi et j'ai eu un grave accident de voiture: j'ai eu les jambes, le dos et les dents cassés. C'est survenu le jour de l'anniversaire de Pops. Il a passé les deux premiers jours avec moi à l'hôpital. Il n'est même pas allé à la fête organisée pour son anniversaire. Il était là pour moi.

Il aide les jeunes en les reconduisant à l'hôpital ou à la pharmacie, il s'occupe de leurs prescriptions, de leurs médicaments et de les payer à leur place. Normalement, les travailleurs sociaux ne font pas cela. Il est ainsi très différent d'eux. La plupart des travailleurs sociaux voient les enfants durant leurs heures de bureau, mais Pops a compris que les gens n'ont pas uniquement besoin d'aide durant cette période. Ils peuvent l'appeler les fins de semaine ou la nuit et il sera là pour eux. Il ne leur dira pas de venir le rencontrer à son bureau le lendemain à 10 h, après avoir bu son café.

La plupart des jeunes n'ont pas une bonne image de leurs parents, et cette figure du grand-père est ce qu'ils aiment. Il ne juge personne; il accepte les gens comme ils sont.

Il n'est pas un homme riche, mais tout l'argent qu'il obtient, il le donne aux jeunes d'une manière ou d'une autre.

Maintenant âgé, il sait qu'il ne sera pas éternel. C'est vraiment dommage. Si quelqu'un désire prendre sa relève, il aura beaucoup de poids sur les épaules. Il est la seule personne que je connaisse qui soit tel que lui. Il n'y aura jamais quelqu'un qui puisse le remplacer vraiment.

Une fois, lui et moi sommes allés à la maison de transition pour jeunes filles. Une des filles avait un très beau chiot, mais elle ne pouvait pas le garder. Elle n'avait pas beaucoup d'argent, puisque la maison de transition était comme une prison et qu'elle n'avait pas la permission de travailler. Elle a demandé au père s'il connaissait quelqu'un qui voudrait le chien.

Je le lui ai acheté la journée même. Quand est venu le moment de lui donner un nom, j'ai demandé au père:

« Comment croyez-vous que je devrais appeler mon chiot ? »

« Eh bien, ça ne me dérange pas si vous prenez mon nom, dit-il en souriant. C'est à peu près tout ce que je peux lui offrir. »

Alors j'ai nommé mon chien Pops. De cette manière, c'est également un honneur à mon mentor, à mon ami et à mon grand-père, le père Emmett Johns.

Robert, ancien enfant de la rue, aujourd'hui
bénévole pour Dans la rue

LE GRAND CŒUR DE JEAN COUTU

Jean Coutu est à la tête d'une chaîne de pharmacies, qui sont également des magasins à grande surface. Il est un autodidacte, un Québécois qui est très fier de son entreprise. Ses magasins se trouvent partout au Canada et aux États-Unis. Jean Coutu est aussi l'un des commanditaires de Dans la rue.

L'année où Le Bon Dieu dans la rue a débuté, Jean Coutu nous a donné 100 000 $.

Les services et l'amitié de Jean Coutu sont vitaux pour nous. Je savais que M. Coutu était un homme bon et généreux et je voulais lui montrer comment fonctionne Le Bon Dieu dans la rue. Nous avons donc décidé de l'impliquer.

Nous l'avons invité à travailler dans la roulotte. La nuit.

Il a accepté l'offre!

J'en étais étonné, mais c'était une belle surprise. J'étais au Centre d'accueil pour le remercier à son arrivée, mais je n'étais pas à la Roulotte cette nuit-là.

M. Coutu a très bien fait cela. Il donnait des hot-dogs, et chaque fois qu'il faisait un hot-dog, il nettoyait le comptoir. Tout devait être parfaitement propre pour la préparation du prochain repas.

Au premier arrêt, il avait utilisé toutes les lingettes! Toutes les réserves étaient vides!

Au deuxième arrêt, heureusement, il y avait une pharmacie Jean Coutu de l'autre côté de la rue. Son fondateur a quitté le kiosque à hot-dogs pour quelques minutes, a traversé la rue et est revenu avec plusieurs boîtes de lingettes, au moins suffisamment pour le reste de la nuit. Il a aussi rapporté des palettes de chocolat et d'autres choses pour les jeunes, qui étaient transportés de joie.

Nous savons que nous avons maintenant un ami. Jean Coutu a aimé sa soirée dans la roulotte et il s'est présenté la semaine suivante avec un cadeau.

Il ne nous a pas donné d'argent, mais un crédit de 50 000 $ à la pharmacie Jean Coutu la plus près de chez nous. M. Coutu nous a beaucoup aidés. Habituellement, lorsqu'un jeune va chez le médecin et obtient une ordonnance, la situation est critique. Les médecins ne se préoccupent pas de savoir si le jeune a de l'argent ou non; ils donnent simplement une ordonnance dont le coût peut varier de 5 $ à 100 $ pour seulement cinq comprimés. Après la visite de M. Coutu à la roulotte, un jeune est venu à nous avec une ordonnance. Nous avons envoyé celle-ci par fax à un Jean Coutu et la facture a été payée grâce à notre crédit de 50 000 $!

* * *

Tout le monde se débrouille mieux sur deux béquilles plutôt que sur une seule.

Après un grave accident de voiture, un jeune de la rue avait besoin de béquilles. Il en a acheté deux, mais l'une d'entre elles lui a été volée le même jour.

Plus tard cette semaine-là, Jean Coutu est venu nous rendre visite au centre d'accueil. J'ai appelé le jeune blessé en lui suggérant d'arriver avec sa béquille. J'ai mis la béquille à un endroit stratégique et quand M. Coutu a fait le tour de l'établissement, il a presque trébuché dessus. Surpris, il m'a demandé : « Père, pourquoi cette béquille est-elle là ? »

« Eh bien, parce qu'un de nos jeunes n'en a qu'une seule ! » ai-je répondu.

« Vraiment ? Où est ce garçon ? » demanda-t-il. Regardant autour, il a vu le jeune appuyé sur un mur, cachant son pied blessé derrière l'autre. « Eh bien, pourquoi ne venez-vous pas à mon magasin pour obtenir une béquille afin d'en avoir deux ! » s'exclama M. Coutu en s'adressant au garçon.

« Pour rien ? » demanda le garçon timidement.

« Oui, pour rien ! » répondit M. Coutu en souriant.

Il a tendu un papier au jeune, et quand celui-ci est allé à la pharmacie, on lui a offert deux béquilles neuves.

Il a guéri de l'accident bien plus rapidement qu'il ne l'aurait fait avec une seule béquille !

UN SOURIRE

Jean Coutu a passé plusieurs heures à bord de la roulotte de Dans la rue à distribuer des hot-dogs. Quand il l'a quittée, il savait que certains souvenirs de cette nuit-là lui resteraient à jamais.

Ce que j'ai surtout aimé dans la roulotte, c'est que personne ne nous demande quoi que ce soit. Nous arrêtions, ouvrions la porte, saluions et donnions un ou deux hot-dogs. Les gens entraient, s'assoyaient sans dire un mot.

Tout d'un coup, ils ouvraient la bouche.

Je me souviens d'une fille, une pauvre fille, qui était venue à la roulotte vers la fin de la nuit. J'étais certain qu'elle était une prostituée. Elle n'avait pas eu dans la vie la possibilité de choisir avec qui elle passerait ses moments de prétendu bonheur.

Elle est entrée et je me suis assis à côté d'elle. Nous avons tous les deux pris un hot-dog. Elle m'a regardé et je l'ai regardée.

« Êtes-vous Jean Coutu ? » demanda-t-elle.

« Oui », ai-je répondu.

« Mais qu'est-ce que vous faites dans cet endroit ? »

« Tout comme vous, j'aime simplement être ici. Je sers les gens. »

Elle semblait étonnée.

« Mais vous n'avez pas à être ici ? »

« Non, dis-je, mais je préfère faire cela plus que tout autre chose. »

« Alors, vous aimez me servir ? » demanda-t-elle.

« Oui, répondis-je, parce que lorsque je vous sers un hot-dog, je vous vois sourire et quelque chose me dit que vous ne le faites pas très souvent. »

Jean Coutu, propriétaire du Groupe
Jean Coutu (PJC) inc.

CHANTAL

Chantal est maintenant dans la trentaine. Elle est coiffeuse, mais auparavant, le père Johns était quelquefois son coiffeur personnel. En voyant cette belle femme, personne ne se douterait qu'elle a habité dans les rues presque toute sa vie.

Je suis née dans un petit village près de Montréal.

Mes parents m'ont abandonnée à la naissance. Avant l'âge de cinq ans, j'avais déjà eu cinq familles d'accueil. J'ignore pourquoi ils me changeaient toujours d'endroit.

Dans ma dernière famille, où je suis restée à partir de l'âge de cinq ans, la vie n'était pas très belle. En fait, c'était l'enfer. Quand j'y suis arrivée, il y avait neuf autres enfants dans la famille. La femme qui prenait soin de nous était très gentille, mais elle devait tous nous surveiller seule. Plusieurs choses terribles arrivaient dans la maison et elle ne le savait probablement pas. Aussi, au village, on nous frappait et on nous ridiculisait. C'était de la violence mentale et physique. À l'école primaire, je me cachais dans les toilettes pour éviter d'être battue par les autres enfants. Dès que vous êtes différent, les enfants ne vous aiment pas. J'étais un des moutons noirs. La seule différence que j'avais par rapport à eux était que je n'habitais pas avec mes parents.

Le village était à environ 45 minutes de Montréal, et pour m'y rendre, je faisais du pouce. Cela demandait beaucoup de courage. Je n'avais que 13 ans, mais ma vie était un tel cauchemar que je n'avais plus peur de quoi que ce soit. Je me disais que si je mourais, personne ne s'en rendrait compte de toute manière.

J'avais entendu parler de la roulotte et de l'homme qui donnait des hot-dogs. La première fois que je l'ai vu, je l'ai immédiatement trouvé très gentil.

À partir de ce jour, j'allais à la roulotte deux fois par semaine.

La deuxième ou la troisième fois que je suis allée chercher un hot-dog, j'ai demandé à Pops s'il était un vrai prêtre. Il m'a regardée et a dit: « Bien sûr que non. »

« Ah, phew! » dis-je en relaxant. C'était une bonne nouvelle parce qu'à l'époque, j'avais l'impression que Dieu ne m'avait pas beaucoup gâtée. J'étais en quelque sorte fâchée contre lui.

Tout d'un coup, Pops a commencé à rire et a dit: « Oui, je suis un prêtre, mais ce n'est pas si mal! »

Il était si sympathique que je l'ai accepté.

Dès le début, j'ai senti que c'était facile avec lui. Il m'a vue dans tous mes états et il ne m'a jamais jugée. Il y a de tout dans les rues : des drogues et toutes sortes d'émotions. Un jour vous riez, le suivant vous pleurez. Il était toujours là pour écouter. À l'époque, quelqu'un qui écoutait était d'une grande aide pour moi, particulièrement quelqu'un d'honnête.

J'ai fugué plusieurs fois. J'ai été retrouvée par la police et envoyée dans un centre de détention. Une fois, j'ai dû me rendre en cour. Pops est venu avec moi. Les travailleurs sociaux m'ont regardée et ont dit : « Chantal, ce n'est pas bien de t'enfuir comme tu le fais. » Pops a rit et a répondu : « Après avoir fugué 20 fois, est-ce que vous pouvez dire qu'elle mène vraiment une belle vie ? » Avec les jeunes dans le besoin, vous devez savoir lire entre les lignes.

Quand j'ai rencontré Pops, j'ai pensé avoir trouvé mon père. Je n'habite plus à Montréal maintenant, mais avant, Pops et moi avions l'habitude de souper au restaurant ensemble une fois par semaine. Il m'encourageait toujours. Il m'a poussée à faire mes cours de coiffure, et c'est maintenant ma profession.

Avant, j'étais une punk avec les cheveux en pointes et je portais des chaînes. Un jour, je suis tombée amoureuse d'un Américain et nous sommes partis à San Francisco. Une fois là-bas, je n'avais plus d'argent pour revenir à Montréal. J'ai téléphoné à Pops, et le jour suivant, il m'a fait envoyer par Western Union suffisamment d'argent pour payer le billet d'avion de la Californie jusqu'à Montréal.

Il savait que je ne pourrais pas le rembourser. Cela ne l'a pas arrêté.

Il a le plus grand cœur de toutes les personnes que j'ai connues.

Chantal, ancienne jeune de la rue

Chantal, dans les rues de Montréal, en 1990.

UN PEU TROP VIEUX POUR TRANSPORTER DES RÉFRIGÉRATEURS

Aujourd'hui, Mike aide à la cafétéria au centre d'accueil. Ses tatouages et ses cheveux courts lui donnent l'allure d'un motard. Il en avait été un en fait. Mais depuis que Pops a aidé Mike Fifi à sortir des rues, cet homme passe ses journées à Dans la rue, tentant d'aider les autres...

J'ai déjà été un méchant *skinhead*. Maintenant, je préfère me décrire comme Mike. J'ai joint un groupe. Je pensais que c'était ma famille, mais lorsque j'ai eu des ennuis, ils n'étaient pas là pour moi.

La seule personne sur qui je peux compter maintenant est le père Emmett Johns, qui a toujours été là pour moi. Je le connais depuis 18 ans environ, depuis qu'il a commencé son projet Le bon Dieu dans la rue.

La première fois, j'étais allé à sa roulotte parce qu'un ami m'avait dit qu'il y avait un homme qui donnait de la nourriture gratuitement.

Il y a une autre raison pour laquelle les gens ont commencé à le connaître: il marchait dans les rues du centre-ville de Montréal et donnait des condoms aux prostituées. Quelques-unes les acceptaient avec plaisir, d'autres refusaient.

Les souteneurs trouvaient cela un peu étrange. Ils ne savaient pas qui était cet homme qui donnait des condoms aux filles. Mais ils en ont appris plus sur lui et ont compris qu'il voulait simplement qu'elles se protègent.

Les filles appréciaient vraiment sa bonne volonté. Quelques-unes commençaient à se rendre à la roulotte et il ne leur posait jamais de questions.

Il avait un effet si positif sur elles que plusieurs ont cessé de se prostituer et ont trouvé une autre source de revenus.

Quelque temps après, je voulais aider à mon tour et je suis devenu bénévole. Chaque fois que j'aidais, Pops m'aidait à son tour. J'ai tenté de lui rendre la pareille, mais tout ce que je faisais pour lui, il me le rendait en double.

Il m'a aidé à sortir de prison tant de fois!

Un jour, j'ai eu des ennuis dans la région d'Oka. C'était un conflit avec un homme qui me disait qu'il avait dans ses bottes le sang d'un soldat. Nous avons été arrêtés. Pops est venu au poste de police, a parlé au sergent et a payé ma caution. L'homme ne s'est jamais présenté à la cour. Quand j'y suis allé, les accusations ont été retirées.

Lorsque j'ai été envoyé en prison parce que j'avais quelques ennuis, Pops est venu me rendre visite. Mes autres amis ne se préoccupaient pas de moi. Pops n'avait pas d'obligation à venir me voir, mais il est venu quand même et il m'a donné un peu d'argent pour la cantine. Il n'avait pas à le faire mais il y tenait.

Il est le genre d'homme qui vous donnerait n'importe quoi, même la chemise qu'il a sur le dos. Il en fait des blagues, disant qu'elle ne m'ira jamais parce que je suis bien plus grand que lui. Je pense quant à moi que personne ne pourrait porter sa chemise, au sens figuré. Personne n'arriverait à être comme lui.

Il y a deux ans, j'ai eu une infection à un pied à cause de mon diabète. J'étais à l'hôpital. Le fait qu'il soit venu me rendre visite m'a mis un grand sourire sur le visage.

Il aide aussi les gens à déménager.

Il nous appelle les jeunes, mais vous savez, ces « jeunes » peuvent avoir 25 ans ou plus: de grands garçons et de grandes filles qui sont capables de déménager des choses lourdes. C'est un vieil homme. Il nous appelle toujours les jeunes et il pense que c'est sa tâche de nous aider.

Quand il m'aidait à déménager, il se rendait à mon appartement avec le camion et nous le remplissions. Une fois, un de mes ongles avait été arraché et je portais un bandage. Il est très difficile d'agripper un réfrigérateur lorsque vous avez un bandage autour d'un doigt, et nous devions le descendre de trois étages. Alors il m'a dit de me tasser et a commencé à descendre le réfrigérateur seul.

Il était un peu plus jeune à l'époque, vers la fin de la soixantaine, mais tout de même pas un jeune homme robuste transportant des réfrigérateurs! C'était très impressionnant et c'est exactement ce qu'il est.

Mike Fifi, ancien jeune de la rue, maintenant
bénévole pour Dans la rue

L'AIDE D'UN POLITICIEN

André Boisclair est un politicien québécois. À l'âge de 39 ans, il a remporté le leadership du Parti québécois, un des partis politiques majeurs au Québec. Il n'en est plus le chef aujourd'hui, mais le père Johns se souviendra toujours de ce politicien qui a rendu au moins deux services très spéciaux aux jeunes de la rue.

L'héroïne tue.

Les accros qui tentent de se libérer de cette drogue dangereuse trouvent souvent que leur seule volonté ne suffit pas.

En 1998, une jeune fille a tenté d'arrêter de consommer de l'héroïne. Quelqu'un lui avait dit que pour y arriver, elle devait rencontrer un médecin qui lui ferait suivre une cure de méthadone, mais il lui était impossible d'en trouver un.

Il est toujours délicat pour les jeunes de la rue de trouver un médecin qui acceptera de les traiter.

Le père Johns en compagnie d'André Boisclair et d'Alain Stanké
à la cérémonie de remise de l'Ordre national du Québec, en 2003.

Les médecins demandent une adresse domiciliaire et un numéro d'assurance maladie, ce que plusieurs jeunes n'ont pas, puisqu'ils vivent dans la rue.

Il est encore plus difficile de trouver un médecin qui a un permis pour la méthadone.

Un jour, André Boisclair est venu à notre centre d'accueil lors d'un événement et a offert un chèque à Dans la rue. Il faisait partie du Conseil des ministres à l'époque. Jeune et beau, il est un personnage très charismatique, et certains ont l'impression qu'il ne cessera jamais de sourire. Les jeunes se sentaient à l'aise de le voir se promener dans le centre d'accueil et personne ne semblait intimidé. Tout d'un coup, la jeune héroïnomane l'a approché.

Ils se sont retirés et ont parlé quelques minutes. J'ignore pourquoi elle a décidé de lui parler, mais elle lui a raconté ses problèmes avec la drogue et ses tentatives ratées de trouver un médecin.

Il voyait qu'elle perdait espoir. La réponse d'André Boisclair fut très différente de celle des politiciens passant pour donner de l'argent. La charité est habituellement un geste public et les politiciens tentent de l'utiliser pour se faire remarquer et obtenir le vote de la population en vue de la prochaine élection. Ce que André Boisclair a fait, personne ne le sait, mis à part cette fille et moi-même.

Il lui a remis le numéro de téléphone de son médecin personnel, qui avait un permis pour traiter les gens avec la méthadone. Ce médecin lui a donné une prescription.

Quelque temps après, la jeune fille a réussi à cesser les drogues.

M. Boisclair lui a sauvé la vie.

* * *

Il est impossible de conduire une bicyclette lorsque vous êtes confiné à un fauteuil roulant.

Un homme, appelons-le Ben, «conduisait» des bicyclettes. Paralysé au point de ne pouvoir bouger que ses bras et ses mains, ce jeune homme, que je connais depuis au moins 30 ans, n'avait aucun problème à fréquenter d'autres jeunes à bicyclette, les suivant avec son fauteuil roulant électrique.

Il habitait Notre-Dame-de-la-Croix, une paroisse où j'ai travaillé il y a plusieurs années. Son appartement était situé dans le même édifice que le CLSC, un centre de santé communautaire du Québec, parce qu'il avait souvent besoin de soins d'urgence. Malgré son handicap physique, Ben avait toute sa tête. Il a obtenu un diplôme en éducation et était déterminé à se trouver un emploi dans le domaine. Pourtant, il n'en trouvait pas. Personne n'engagerait un professeur handicapé.

Découragé, Ben vivait de l'aide sociale. Un jour, j'ai reçu une lettre de sa part, disant qu'il n'avait pas eu un sou du gouvernement depuis deux ans.

L'explication était simple. Ben avait rencontré une fille qui avait emménagé chez lui. Au début, elle travaillait et il recevait l'aide sociale: tout allait bien. Mais six mois ont passé et les paiements ont cessé parce qu'après six mois de vie commune, les membres du couple deviennent conjoints de faits devant la loi. C'était le rôle de son amoureuse de le soutenir et son aide sociale a été coupée.

Pour Ben, qui n'avait aucune source de revenus, c'était très difficile. Il ne trouvait pas juste de devoir compter sur son amie comme sa seule aide dans la vie. Il a parlé de la décision du comité de l'aide sociale à autant de gens qu'il le pouvait, sans aucune réponse positive. Finalement, quelqu'un lui a fait remarquer que la seule solution était de s'adresser au Conseil des ministres.

Désespéré, il m'a écrit, me demandant conseil. Qui connaîtrait un membre du Conseil des ministres? Fort heureusement j'en connaissais au moins un. C'était André Boisclair.

Quelque part dans mes papiers, j'avais son numéro de téléphone. J'ai laissé un message sur son répondeur et le lendemain matin, il m'a rappelé. Je lui ai expliqué le problème. Tout ce qu'il a dit est: «Laissez-moi régler ça. J'enverrai mon assistant vérifier les faits.»

Deux semaines plus tard, j'ai reçu une autre lettre de Ben. Cette fois, c'était une lettre remplie de bonheur intense. Il m'écrivait qu'il venait tout juste de recevoir un chèque par la poste, rétroactif des deux années durant lesquelles il n'avait reçu aucune aide sociale.

Cela n'a pris que quelques secondes et un simple appel à la bonne personne.

Un vieux dicton dit: «Ce n'est pas *ce que* vous connaissez qui compte, mais *qui* vous connaissez.» André est le genre de personne qu'il est bon de connaître. C'est un politicien, mais il n'est pas comme les autres politiciens. Vous n'avez pas à passer par messieurs A, B, C, D avant de lui parler. Vous pouvez aller directement à lui, et s'il peut vous aider, il le fera.»

PASSER DE DROGUÉE À PROPRIÉTAIRE D'UNE BOUTIQUE DE CHAUSSURES

Karina Rosenstein est une entrepreneure de 27 ans. Avec son frère Ivry, elle est copropriétaire d'une boutique de chaussures de designers, située au cœur de Montréal, qui est visitée régulièrement par des vedettes telles que Céline Dion et Mariah Carey. Lorsque quelqu'un entre dans *la boutique, il est difficile de croire que ces deux jeunes ont réussi à transformer ce qui était une boucherie il y a quatre ans en une boutique où la paire de chaussures la moins dispendieuse coûte environ 500 $.*

Mais il est encore plus difficile de croire que cette boutique fut ouverte par une ancienne toxicomane et fugueuse ayant vécu dans les rues de Montréal.

Je connais Pops depuis au moins 15 ans. Je suis Française et Pops a rencontré mon père, un médecin célèbre, il y a très longtemps alors qu'il visitait la France.

Ma mère est décédée quand j'avais huit ans, mais elle n'avait jamais été gentille avec moi. Lorsqu'elle est morte, mon père m'a envoyée dans une autre famille, mais nous n'avions pas la même vision de la vie. J'ai commencé à consommer de la drogue vers l'âge de 10 ans. Mon père n'a jamais réalisé à quel point j'étais accro. Il s'est remarié et m'a oubliée.

J'ai changé souvent de famille d'accueil. Je suis allée en Angleterre, puis je suis retournée en France et au Maroc avec quelques amis, des drogués également. Depuis l'âge de 13 ans, j'étais seule.

J'ai été affamée la majorité de ma vie. Mes parents étaient bien nantis, mais ça n'a pourtant pas été ma réalité.

À un moment donné, j'ai tout laissé derrière et j'ai pris un avion en direction de Montréal.

De l'aéroport, je suis montée dans l'autobus voyageur qui mène à la station Berri-UQAM. Je me souviens avoir vu plusieurs personnes dans les rues et avoir pensé: « *Wow*, c'est fantastique! C'est un grand groupe d'amis! » Je trouvais cela différent parce qu'ils n'étaient pas tous agressifs comme en France et la police ne semblait même pas s'en préoccuper.

Tout le monde se tenait ensemble. Je dormais dans les rues, dans un parc, à la maison de certains amis.

J'avais le numéro de téléphone de Pops et je l'ai appelé dès que je suis arrivée à Montréal. Ensuite, je me suis rendue à sa roulotte. Il a toujours beaucoup cru en moi et m'a écoutée. Je l'appelais souvent. Je lui parlais de tout et de rien, des problèmes de drogues, de mariage, de grossesse, tous les problèmes des jeunes. Je n'avais aucune notion du temps et je l'appelais à 2 h du matin.

J'ai vécu dans les rues de Montréal durant un an.

Un jour, j'ai décidé que c'était assez et que je n'irais nulle part si je continuais ainsi. Je commençais à être frustrée parce que je suis une personne qui a besoin d'un objectif.

Pops m'a aidée à m'en sortir, même si c'était très difficile. J'avais 15 ans à l'époque.

La première chose que j'ai arrêtée fut la cocaïne et ensuite, lentement, la marijuana et le crack, puis j'ai cessé de fumer. J'ai cessé aussi de voir mes amis de la rue. Je me suis dit que j'y arriverais, que je n'allais pas mourir. J'ai parfois été très malade.

Quand j'ai eu 22 ans, mon frère aîné, Ivry, et moi, nous avons commencé nos études à l'Université de Montréal. J'ai obtenu mon diplôme en droit. Après avoir vécu dans les rues, je voyais la vie d'une manière très différente des autres et je trouvais que tous les gens autour de moi n'étaient pas très ouverts d'esprit. Ce fut un moment difficile pour moi d'étudier à l'université.

Mais Pops ne voulait pas que je décroche. Quand il a subi un pontage cardiaque il y a quelques années et a été hospitalisé, il a perdu un peu la mémoire. J'ai appelé tous les hôpitaux et je l'ai retrouvé. Il ne parlait plus à personne et dormait la majorité du temps. Je me suis approchée de lui et il s'est réveillé. Ses premières paroles furent: «Karina, as-tu réussi ton examen?»

Après mon diplôme, j'ai travaillé comme agente immobilière et je gardais les profits pour investir dans la boutique. Mon oncle m'a beaucoup aidée également. Mon oncle et mon grand-père ont toujours eu une boutique à Paris, alors ils avaient plusieurs contacts et tout a débuté ainsi.

Les rénovations furent affreuses. Cet endroit était une boucherie avant et nous l'avons complètement transformé. Pops venait ici et tentait de m'aider. Durant la première année, il s'assoyait dans le magasin presque tous les jours. Une fois, alors que j'étais absente, Pops a demandé aux ouvriers s'ils avaient besoin de quelque chose. Ils ne savaient pas du tout qui il était. Lorsque je suis revenue, ils m'ont dit: «Ton vieil ami est allé chercher du bois. Nous lui avons donné une liste et il est parti.» Je me suis rendue rapidement au premier Home Depot, et il y était. Dieu merci, les employés l'avaient reconnu et aidé!

C'est un homme brillant. Parfois très grognon. Très sincère dans ses gestes. Il y a cinq ans, il recevait des appels téléphoniques à 5 h du matin, de jeunes qui devaient déménager d'urgence, au milieu de la nuit. Il prenait sa fourgonnette et, connaissant à peine l'endroit, il se rendait à l'appartement. Une fois arrivé, il constatait qu'il y avait quatre étages à monter et que les «jeunes» de 30 ans avaient 3 réfrigérateurs, 10 chiens et 2 chats, et que toutes ces personnes aux cheveux en pointes vivaient dans un désordre complet. Pops transportait les réfrigérateurs et les apportait dans sa fourgonnette lui-même. À l'âge de 70 ans!

C'est possible, pour qui le veut vraiment, de sortir de la rue. C'est possible, mais vous devez travailler jour et nuit en vue d'atteindre un but, et c'est à ce moment que cela devient très difficile.

Habituellement, les gens n'y mettent pas beaucoup d'efforts.

Mais si vous voulez vraiment vous en sortir, vous le ferez et vous réussirez.

Karina Rosenstein, ancienne jeune de la rue,
aujourd'hui copropriétaire d'une boutique
de chaussures de designers à Montréal

RENCONTRER LE PRINCE

Le travail du père Johns avec Dans la rue lui a valu une reconnaissance mondiale. Au Canada, il a reçu un des plus grands honneurs pour un civil: il a été nommé Membre de l'Ordre du Canada. La province de Québec lui a offert un titre semblable, l'Ordre du Québec.

Une fois, il a été invité à Ottawa, faisant partie d'une délégation comptant des personnes parmi les plus importantes au Canada et choisies pour rencontrer le prince Charles, le prince de Galles.

Ce n'est pas tous les jours que vous serrez la main d'un prince.

Il y a quelques années, la secrétaire de la gouverneure générale de l'époque, Mme Adrienne Clarkson, a appelé au bureau de Dans la rue pour m'inviter à un souper le lendemain avec le prince Charles.

Je me suis demandé ce que je porterais à ce souper. Je n'étais pas très habitué à souper avec des princes!

Quand je suis arrivé à Ottawa et que je suis entré dans l'édifice où le souper avait lieu, la première personne qui m'a vu m'a demandé: « Père Pops, comment allez-vous ? » Cela m'a donné l'impression que j'étais très attendu.

La province de Québec et son Premier ministre, Jean Charest, savent tout ce que le père Johns fait pour les jeunes du Canada. À la cérémonie de remise de l'Ordre national du Québec, en 2003.

Avant que nous nous assoyions pour le souper, nous sommes allés dans le hall et nous nous sommes alignés le long du mur. Le prince est arrivé avec Mme Clarkson et a rencontré tout le monde. Elle lui a expliqué quel travail je faisais avec les jeunes de la rue. Elle et son époux appuyaient le projet.

TRANSPORTER LA FLAMME OLYMPIQUE

En plus de détenir l'Ordre du Canada et l'Ordre du Québec, le père Johns a reçu d'autres récompenses. Il a obtenu deux baccalauréats, un en théologie et un, des années plus tard, en psychologie. Mais son travail avec les jeunes de la rue lui a également valu un doctorat honorifique de l'Université McGill.

En plus, la ville de Montréal l'a choisi pour être l'un de ceux qui transporteraient la flamme olympique en 2004. Montréal était le dernier arrêt de la flamme d'Athènes en Amérique du Nord.

J'avais 76 ans.

Je devais courir dans les rues de Montréal en transportant la flamme olympique.

Heureusement, la distance n'était pas très grande, peut-être un kilomètre. Malgré tout, cela m'a causé de la difficulté. J'ai donc décidé de me remettre en forme et de m'inscrire à un centre d'entraînement. Trois ou quatre fois par semaine, pendant deux semaines. Cela m'a coûté une fortune!

Ce dimanche après-midi, le 20 juin 2004, la journée était magnifique. Un petit groupe de personnes et moi sommes montés dans un autobus à une intersection du centre-ville de Montréal. Deux d'entre nous sont descendus et nous avons couru le long du boulevard René-Lévesque jusqu'à la rue Côte-des-Neiges, en continuant sur la rue Sherbrooke, puis encore une côte près de la rue McGill.

À 76 ans, faisant un peu de sport lors de sa course avec la flamme olympique, au centre-ville de Montréal, en 2004.

Je ne sais pas pourquoi ils m'ont choisi: certainement pas parce que je suis bon coureur!

Ils disent qu'ils m'ont choisi parce que 49 % des Québécois savent qui je suis. Alors ils se sont dits: « Voilà un homme qui ne nous coûtera rien. » S'ils avaient demandé à n'importe qui d'autre, il aurait probablement fallu donner de l'argent en échange des photographies. Alors ils m'ont demandé et ça ne m'a pas dérangé.

« NOUS ÉTIONS TROP DE BOUCHES À NOURRIR À LA MAISON »

Peu importe la ville, il y aura toujours des problèmes d'enfants abandonnés par leur famille ou expulsés de leur maison parce que leurs parents sont trop pauvres pour les garder.

Pendant des années, le père Johns a essayé d'étendre Le Bon Dieu dans la rue à l'échelle internationale. Dans ce but, il a fait plusieurs visites à Haïti, un endroit ravagé par la pauvreté. Il s'est rendu en Afrique et en Russie. Son raisonnement était simple: toute ville, que ce soit Moscou, Varsovie, Londres, ou Port-au-Prince, est confrontée à ce même problème que représentent les jeunes vivant dans la rue.

Un jour, une fille venue à la roulotte m'a dit: « Nous étions trop de bouches à nourrir à la maison alors je suis partie. »

Dans la rue ne voudrait pas devenir un organisme de charité mondial, mais nous savons comment un projet comme celui-ci fonctionne et nous pourrions en informer d'autres personnes.

Toute grande métropole comme New York a des millions de jeunes errant dans les rues. Par jeunes, je veux dire ceux qui ont de 13 à 30 ans. Une fois que les jeunes sont dans les rues, c'est très difficile pour eux d'en sortir, et ils y resteront souvent à l'âge adulte. Ils accumulent des mandats d'arrêt pour avoir troublé la paix, pour avoir quêté, parfois pour avoir été violent. Certaines villes croient que les policiers sont les mieux placés pour régler ces problèmes, mais tout ce que la police fait empire les choses.

Une fois, un policier à la retraite est venu à notre dîner de Noël. Au moins 220 jeunes se sont présentés au centre d'accueil. Ils se sont assis, nous leur avons servi à dîner – végétarien ou régulier –, nous avions du dessert et des bonbons sur les tables. Notre invité était étonné de constater qu'il n'y avait pas de bataille et que personne ne criait ni se chicanait à l'exception d'une fille qui parlait un peu fort. Elle n'était pas agressive ; elle avait simplement une voix forte.

Avant le départ des jeunes, nous leur avons tous remis un cadeau : un sac à dos, neuf, plein de vêtements, avec des chaussettes et des souliers de course. Je me souviens qu'étant enfant, je n'aimais pas Noël parce que nous avions toujours des vêtements en cadeau. Noël devait être le temps des jeux, pas des vêtements ! Alors je me suis assuré de mettre quelques jeux dans les sacs et aussi quelques chocolats.

Je trouve ce geste très simple. Je pense que tout le monde dans tous les pays peut faire la même chose.

L'autre jour, j'ai reçu un appel de l'archevêque de Port-au-Prince, demandant comment notre projet de venir à Haïti avançait. Malheureusement, j'ai dû lui répondre qu'il n'était pas encore prêt.

Le sera-t-il un jour ?

LES AMÉRIQUES

En 1972, un groupe nommé Covenant House fut formé à New York.

Depuis ce temps, cette organisation fournissant un refuge et différents services aux jeunes sans-abri s'est étendue partout aux États-Unis, au Canada anglais et dans quelques pays d'Amérique du Sud.

Par contre, la province de Québec est francophone et c'est une des raisons pour lesquelles Covenant House ne s'y est pas établi.

L'autre raison était que le système de l'Église est un peu différent aux États-Unis. Pour qu'une organisation comme Covenant House puisse entrer dans un diocèse, elle a besoin d'un certain investissement de sa part. Ainsi, l'argent vient des deux côtés. Au Québec, par contre, chaque paroisse est une organisation séparée et le diocèse également, et aucun des deux n'a vraiment beaucoup d'argent. Cela les protège des poursuites devant la loi, parce qu'aucun n'a suffisamment d'argent pour répondre à une poursuite.

Au Canada, Covenant House a un refuge à Toronto et un autre à Vancouver.

Quand Dans la rue a ouvert, nous nous sommes dit que nous les laisserions s'occuper de cette partie du monde et que nous nous occuperions du Québec.

Dans la province de Québec, il y a au moins une demi-douzaine de groupes œuvrant de la même manière que nous. Il y a une roulotte à Longueuil, une autre dans la partie ouest de l'île de Montréal, une à Laval, une à Québec, une à Trois-Rivières et à quelques autres endroits également.

Dans la rue a toujours voulu éviter de s'affilier ou de créer des branches. L'organisation repose sur une base individuelle et nous sommes heureux d'aider les gens à démarrer un projet individuel qui répond aux besoins de l'endroit où ils le désirent, dans n'importe quel ville ou village.

C'est un concept très simple : prendre soin des jeunes.

LA CÔTE D'IVOIRE

La Côte d'Ivoire est un des rares endroits où la population s'est approprié le projet et l'a fait survivre, de la manière que nous l'espérions.

Plusieurs sœurs de la Côte d'Ivoire étudiaient dans un institut de Montréal pour devenir ministres pastorales. Elles ont entendu parler de moi et j'ai entendu parler d'elles. Nous nous sommes rencontrés et avons discuté de la possibilité d'organiser un projet similaire dans leur pays. Je suis alors parti de ce pas pour la Côte d'Ivoire.

Je leur ai expliqué les principes de base de Dans la rue et le projet a démarré.

Les sœurs ont réuni un groupe de personnes qui ont décidé de nourrir les jeunes qui vivaient dans les rues de la ville. Errant en gangs, ces jeunes causaient beaucoup de problèmes. Ils volaient tout ce qui leur tombait sous la main.

Pour s'impliquer dans la vie des jeunes sans-abri, elles ont commencé à les inviter pour déjeuner. Le premier jour, 40 jeunes se sont présentés. Il n'y a pas eu de problème majeur durant le déjeuner, sauf qu'un chaudron et un couteau manquaient à la fin du repas.

Les déjeuners représentaient un gros pas de franchi. Le prochain était d'offrir aux jeunes une éducation. Même si cela semblait quelque chose de difficile à réaliser, les jeunes de la rue sont souvent bien plus intelligents que ce que certains semblent croire. Ils étaient heureux de s'asseoir et d'écouter alors qu'ils n'y étaient pas obligés. L'école qui fut créée pour eux n'était pas comme les autres écoles où les élèves arrivent à 8 h. Dans cet établissement, les jeunes s'assoyaient à l'extérieur, au grand air. Ils pouvaient arriver et repartir quand ils le voulaient, mais ils préféraient habituellement rester et étudier.

Je n'ai aucune raison de croire que ce projet ne fonctionne pas bien en Côte d'Ivoire. Mais j'aimerais m'y impliquer davantage, y retourner et les aider un peu plus.

Jésus dit : « Les gens sauront que vous êtes mes disciples si vous vous aimez les uns les autres. »

Montrons-leur que nous les aimons.

Il est temps.

DANS LES RUES DE MOSCOU

Durant l'été 2003, Pops a quitté Montréal pour effectuer une visite à Moscou, muni d'un visa fourni par le consulat russe de Montréal à la demande de l'ambassade canadienne à Moscou. Son objectif était de se familiariser avec la situation des jeunes sans-abri de cette ville et de tenter d'organiser une collaboration avec le Canada.

La première fois que je suis allé à Moscou, c'était le 8 juillet 2003.

J'y suis allé trois fois en tout et les visites y étaient toujours très intéressantes.

À l'aéroport de Moscou, lorsque nous sommes arrivés un peu après minuit, nous avons été accueillis par la D[re] Irina Alexandrova, que j'avais rencontrée pour la première fois à Montréal. Elle avait parlé avec quelques personnes désirant nous voir et elle nous avait offert une voiture et un chauffeur pour venir nous chercher à l'aéroport. Puisque j'ai appris plus tard que cela nous aurait coûté plus de 100 $ en taxi de l'aéroport au centre-ville, nous étions très contents de ce cadeau.

Il était agréable d'atterrir dans ce pays très différent. J'étais heureux d'arriver à Moscou et d'être accueilli par un visage familier. Nous avons commencé un tour de deux jours des agences sociales de Moscou. Nous devons en avoir visité environ 20. Nous en sommes revenus avec diverses impressions.

Il en a visité des endroits à touristes ! Le père Johns à la place Rouge, à Moscou, en 2003.

On m'a hébergé dans une résidence de prêtres catholiques, les pères salésiens, œuvrant à Moscou. Il était évident qu'ils n'étaient pas particulièrement les bienvenus à Moscou, si l'on se fie à la relation entre le patriarche de Moscou et le Vatican, qui était très tendue à l'époque. Je suis resté discret afin que le patriarche n'apprenne pas ma présence. Par contre, les pères étaient gentils; j'avais une belle chambre avec une salle de bains. Je mangeais trois repas par jour et les frais n'étaient pas très élevés. Ils ne parlaient qu'un petit peu l'anglais, mais ce n'était pas vraiment un problème.

Parmi les autres, nous avons rencontré des gens de la Croix-Rouge, d'autres de l'Armée du Salut et certains d'une organisation nommée Children's Aid et administrée par Hannah Pollack. Cette jeune femme a démarré cet organisme avec des bénévoles, et leur activité principale était de se rendre tous les soirs autour de 21 h à la station de train principale, où les jeunes de la rue se cachaient. Ils apportaient avec eux des plats de plastique contenant du riz préparé et des légumes, qui étaient distribués aux jeunes aussi rapidement que possible. Parfois, ils faisaient cela sous l'œil malveillant de certains officiers de police qui se promenaient dans les alentours avec une mitrailleuse sur l'épaule.

Les jeunes sans-abri vivent dans les gares pour se protéger du froid et de la police. Lorsque la police les arrête, ils sont amenés au centre de détention juvénile. Parfois, les jeunes fuguent et retournent dans les gares ferroviaires. S'ils ne s'enfuient pas, ils sont retournés à leurs parents, s'ils en ont, ou sont placés dans un orphelinat. Mais plusieurs jeunes fugueront encore, essayant de se sauver de la pauvreté et de l'alcoolisme de leur famille ou des orphelinats tant détestés.

Nous croyons que certaines organisations qui prétendent aider les jeunes en sont de fausses. Elles sont simplement intéressées à obtenir leur part du gâteau. Un groupe faisait des manuels scolaires polycopiés. Ce n'est pas une activité très coûteuse, mais leur budget était assez élevé et leurs bureaux étaient situés dans un des meilleurs édifices de Moscou.

Hannah semblait être celle qui accomplissait un travail le plus semblable à celui que je faisais à Montréal, mais elle était une personne assez difficile à joindre, ayant été nominée pour un Academy Award, pour un documentaire qu'elle a réalisé sur les jeunes de la rue à Saint-Pétersbourg. Nous espérions pouvoir organiser quelque chose avec elle, mais cela n'a jamais fonctionné. En plus des problèmes, il y avait un manque de communication. Elle était trop occupée à autre chose. Les gens travaillant avec elle étaient très enthousiastes, mais leur enthousiasme a dépéri sans sa participation. Moins ils la voyaient, moins leur enthousiasme était grand. Alors, nous n'avons pas réussi à organiser un partenariat avec elle.

Autant les pères salésiens peuvent avoir été concernés par l'affaire, autant ils étaient réticents à l'impliquer avec tout ce qui a trait à l'argent provenant de l'extérieur du pays, sauf pour leur propre travail. L'argent qui venait de l'extérieur ne se rendait pas directement à Moscou, mais transitait par Varsovie, où était le siège social des pères salésiens, et il était ensuite envoyé à Moscou selon leurs besoins. Cela ne nous a pas beaucoup intéressés et nous ne nous sommes pas investis vraiment avec eux.

DES POMMES DE TERRE, ENCORE DES POMMES DE TERRE...

Une fois, le père Emmett Johns s'est rendu à Moscou accompagné de Serge Lecavalier, un membre du conseil d'administration de Dans la rue et bénévole à la roulotte.

Voici quelques souvenirs de M. Lecavalier...

À Moscou, le père a vécu avec des prêtres catholiques qui étaient Polonais. Pour une raison que j'ignore, leurs repas comprenaient beaucoup de pommes de terre, trois fois par jour. Mais un jour, nous marchions dans le centre-ville de Moscou, et il a été extrêmement heureux lorsqu'il a vu quelque chose qui lui était familier : un McDonald.

Alors, chaque soir, peu importe le fait qu'il était à la fin de ses 70 ans, nous marchions environ deux kilomètres pour aller chercher un repas au McDonald et de la crème glacée.

Il ne se plaint jamais de son âge, et c'est remarquable de constater à quel point il peut marcher de longues distances.

Serge Lecavalier, membre du conseil
d'administration de Dans la rue

UNE VOLEUSE AVEC UNE CONSCIENCE

Il y eut un bon moment d'émoi lorsque je voyageais seul un jour.

C'était ma deuxième ou ma troisième visite à Moscou. Ce jour-là, je devais prendre le métro.

Moscou a probablement le plus grand et le plus profond métro du monde. À cause de mon âge, souvent je n'avais pas à payer pour y entrer. Une fois de l'autre côté du tourniquet, je devais monter sur un escalier mécanique pour descendre d'un étage. L'angle de la descente était très prononcé, pour ne pas dire épeurant. Je devais me tenir aux deux rampes de l'escalier lorsque je descendais, et descendais, et descendais... Je ne sais pas jusqu'où je suis descendu, mais c'était très profond.

Une fois, je me tenais sur une plateforme, attendant le métro et tentant de deviner où serait la porte, lorsque le métro s'est arrêté. Quand les portes se sont ouvertes, les gens sont descendus et nous sommes entrés. J'ai été propulsé à l'intérieur par les gens derrière moi, qui me poussaient comme ils le font toujours, et ils m'ont tant poussé que je me suis rendu au fond du métro. J'y suis resté quelques minutes, puis quelqu'un m'a offert son siège. Je l'ai remercié avec gratitude avec le peu de vocabulaire que je connaissais en russe et me suis assis.

Deux arrêts plus tard, suivant les instructions qu'on m'avait données, je me suis levé pour me diriger vers la sortie, je suis descendu du train; à environ 10 ou 15 pieds de la porte, je me suis arrêté pour vérifier dans quel sens je devais aller par la suite. J'ai regardé dans ma poche pour voir les instructions, mais je me suis rendu compte que je n'avais plus le papier.

En fait, je n'avais plus rien dans mes poches! Il n'y avait qu'une chose qui me restait et qui avait un peu de valeur: mon argent, que j'avais solidement attaché dans une ceinture contre ma poitrine et sous mon épaule. Le certificat de citoyenneté canadienne manquait aussi: une petite carte, mais très importante.

Alors que je restais là à regarder dans mes poches, une jeune femme d'un groupe qui était entré dans le métro après moi, me poussant, est venue à moi et m'a remis mes papiers!

Bien sûr, je n'avais pas une grande maîtrise de la langue russe, alors je n'ai pu la remercier qu'en disant: « Merci,

merci, merci. » Je n'ai même pas tenté de prendre de mon argent parce que j'avais peur qu'elle change d'idée et essaie de me voler. J'ai gardé mon portefeuille là où il était caché et j'ai simplement dit merci.

Plus tard, j'ai compris que cela pouvait être quelque chose comme dans *Le monde de M. Ripley*. Presque tout le monde qui a voyagé à Moscou s'est fait vider les poches, mais je n'ai jamais entendu parler de quelqu'un qui rendait les choses par la suite.

Peut être était-ce mon apparence solennelle, ma barbe blanche ? Je ne sais pas.

CHEZ HANNAH

Hannah Pollack, de Children's Aid, utilisait son propre appartement comme refuge temporaire pour quelques jeunes et aussi pour préparer la nourriture qui était apportée chaque soir à la gare ferroviaire.

Je suis allé avec les bénévoles à la gare pour distribuer de la nourriture.

En cette nuit particulière, il y avait beaucoup d'excitation dans la ville parce qu'ils attendaient la visite du président des États-Unis. Pour préparer la ville à cette visite, le département de police avait eu l'ordre de vider Moscou de tous les gens de la rue. Alors il n'y avait pas beaucoup de jeunes dans les alentours. Mais certains y étaient toujours et ils sont venus nous voir pour de la nourriture.

Pendant que nous étions à l'appartement de Hannah, il y avait un groupe d'environ six jeunes, et deux d'entres eux étaient les deux plus belles petites blondes qu'on puisse imaginer. Je leur ai demandé quel âge elles avaient, et elles ont dit 16 ans, qui est l'âge légal pour être dans les rues. J'avais des doutes sur leur âge. Avec quelques signes et l'aide de D^{re} Alexandrova, nous avons organisé, selon leur désir, ce qui devait être une partie d'échecs avec moi. Mais j'ai compris rapidement que cela n'était pas très intelligent de ma part, car les Russes sont très bons aux échecs, alors nous avons changé pour le jeu de dames.

J'ai remporté la première partie et quelques autres, causant du chagrin aux jeunes, qui croyaient qu'ils pourraient me battre facilement.

Je savais, bien sûr, que si j'acceptais de jouer aux échecs, je serais humilié et embarrassé lorsque je reviendrais à Montréal et que je dirais au fils de D^{re} Alexandrova, qui est un joueur d'échecs professionnel et champion canadien de sa catégorie d'âge à l'âge de 20 ans, que je m'étais fait battre.

Puis, nous avons sorti une carte du monde et nous avons montré aux jeunes où est Montréal. Ils étaient brillants et très mignons.

Le fait qu'ils soient sans-abri a ravivé mon intention de faire quelque chose pour régler le problème.

UN CAMP D'ÉTÉ DIFFÉRENT DES AUTRES

Un camp d'été pour les orphelins est différent d'un camp ordinaire de bien des manières.

Une des différences est que les jeunes savent que leurs parents ne viendront pas leur rendre visite et leur apporter de bonnes choses de la maison, et qu'ils ne viendront pas les chercher à la fin de la saison.

Cette visite au camp d'été, dans les environs de Moscou, était formidable pour moi.

J'y ai rencontré deux jeunes, une fille de cinq ans et un garçon de huit ans. Le garçon était blond et avait des oreilles très intrigantes : elles étaient un peu décollées. La jeune fille était une brunette. Elle avait un beau sourire et gardait les bras croisés la majorité du temps. Elle portait un grand intérêt à mes lunettes de soleil.

Les enfants russes ne comprennent pas sa langue, mais ce n'est pas une barrière pour communiquer avec ce drôle de Canadien. Le père Johns et la D^re Alexandrova (à sa droite) à un camp d'été russe pour orphelins, dans les environs de Moscou, en 2003.

Ils étaient très amicaux. Je jouais au soccer et au volley-ball avec eux. Je ne suis pas très bon à ces jeux, mais ils permettaient au vieil homme quelques pauses. J'avais seulement 70 ans de plus qu'eux !

Ils étaient très intelligents et avaient le sourire au visage, et je crois que nous étions plus tristes qu'eux lorsque le temps est venu de partir.

À l'époque, le pays aidait toujours les jeunes et les orphelins. Aujourd'hui, les programmes ne sont pas aussi fonctionnels qu'auparavant et les besoins sont de plus en plus grands.

L'ANNIVERSAIRE D'UN PRÉSIDENT

Une fois, le père Johns a été invité en Angola pour participer à une conférence organisée par l'organisation FESA – la Fondation Edouardo de Santos, qui porte le nom du président du pays. Le congrès avait pour objectif de trouver des solutions pour aider les jeunes de la rue.

Père Johns était accompagné de Serge Lecavalier, membre du conseil de Dans la rue.

M. Lecavalier nous raconte...

C'était 17 h d'avion. Une fois arrivés en Angola, nous avons dormi deux heures, puis avons rencontré nos hôtes. Même si le voyage était épuisant et que nous nous réveillions à 6 h 30 tous les matins, le père était toujours de bonne humeur et souriant.

Un jour où nous n'étions pas au congrès, nous sommes allés voir les gens vivant dans les banlieues, près du Rwanda. C'est là que nous avons vu la vraie pauvreté. Les gens vivaient dans des bacs à ordures! Il y avait une église et une école ou plutôt un semblant d'école : quatre planches de bois, un toit en tissu et un tableau. Aucune chaise, aucun crayon, aucun papier.

Le dimanche était un jour spécial, puisque c'était l'anniversaire du président. À un moment de la soirée, nous sommes descendus pour aller couper le gâteau. Nous y sommes tous allés et nous avons demandé au père de nous suivre. Pas question! Il a refusé parce qu'il était contre les lavages de cerveau qui avaient lieu en Angola. Les jeunes étaient formatés par l'État et le père a comparé les partisans de cette pratique à ceux d'Adolf Hitler. Alors, le père Johns n'a pas participé au dessert. Le président Santos ne pouvait pas sembler moins concerné. Il avait son gâteau, c'était son anniversaire, il était le président.

Ce n'était pas la première année que l'Angola organisait ce congrès pour aider les jeunes de la rue. Mais je crois que c'était plutôt une façade. Voulaient-ils vraiment aider les jeunes ou était-ce seulement une couverture?

Serge Lecavalier, membre du conseil
d'administration de Dans la rue

CHAPITRE 5

LA VIE APRÈS LA MORT

« Il ne croit pas qu'il est un saint ; il ne l'est pas. Il sait qu'il n'est pas parfait, comme nous tous... Mais il a une relation très simple, pure et paisible avec Dieu. »

D' François Lehmann, médecin du père Johns

Le père Johns, lors d'une messe à l'église Our Lady of Fatima, dans les années 1990.

«ALLO PATRON!»

En plus d'aider le père Johns en tant que médecin, le Dr François Lehmann lui a également parlé en tant qu'ami durant de nombreuses heures. Ils parlaient de tout, notamment du lien très spécial du père Johns avec Dieu.

Pops a une relation très simple, pure et paisible avec Dieu.

Dieu fait partie intégrante de sa vie et c'est très impressionnant de voir cela. Ce n'est pas vraiment quelque chose d'intellectuel, mais plutôt de spontané et d'intense. Intense dans le sens que c'est présent constamment. Il nomme Dieu simplement «le Patron».

Il marche avec Jésus, Jésus marche avec lui et il en est conscient. C'est une spiritualité très belle et je pense que cela lui permet de faire ce qu'il fait, beaucoup plus que sa santé physique ou mentale.

La mort ne semble pas l'inquiéter. Il connaît Dieu. Le Dieu en lequel nous croyons, lui et moi, est un bon Dieu, un Dieu aimant. Pas un qui punit. Pops a une relation avec ce Dieu, et être près de la mort n'est pas quelque chose qui l'effraie. Il ne croit pas qu'il est un saint; il ne l'est pas. Il sait qu'il n'est pas parfait, comme nous tous. Mais il n'a pas peur de la mort, et nous ne devrions pas non plus en avoir peur, si nous sommes conscients de qui est Jésus-Christ.

Pops est très conscient de cela.

Dr François Lehmann,
médecin du père Johns

AIMÉ DE TOUS

Je crois qu'il est providentiel qu'Emmett ait été expulsé du séminaire de la Scarboro Foreign Mission. S'il avait terminé cela, il serait en service en Chine ou dans un autre pays étranger, tentant de transmettre sa foi en Dieu aux gens.

Le père Johns, dans les années 1980.

Providentiellement, ils l'ont renvoyé parce qu'il ne suivait pas le modèle espéré.

En un certain sens, il est missionnaire aujourd'hui. Un missionnaire pour les jeunes de la rue. Je pense qu'il a rempli le but que Dieu lui a donné par ce qu'il fait. Et il le fait d'une manière extraordinaire.

J'ai travaillé dans plusieurs paroisses. Invariablement, il y avait des gens qui me demandaient comment allait le père Johns. Il est très aimé de tous, il n'y a aucun doute là-dessus.

Dans les moments les plus difficiles de la prêtrise, avec tous les scandales qui ont lieu autour de l'Église de nos jours, nous pouvons le montrer du doigt et dire: « Il nous a apporté un petit peu de crédibilité. »

Père Thomas McEntee, ami et ancien collègue de classe du père Johns

« SI JE POUVAIS VIVRE ENCORE... »

Si je pouvais revenir, je ne le ferais pas. Je ne désire pas revenir. Mais si je devais revenir inconditionnellement de mes désirs... Eh bien, parfois je pense que j'aimerais me marier.

La vie d'un prêtre est étrange. Certains disent que ce n'est pas normal. Mais c'est aussi une vie un peu égoïste parce que je dois ma fidélité à une personne, à Dieu. J'aide les enfants de Dieu, mais je ne partage pas leur vie comme une jeune femme partage celle de son mari. Je serais à l'église priant pour cette femme, mais je ne chercherais pas une autre femme avec qui partager ma vie.

Nous faisons tous preuve d'une forme d'égoïsme. Ici, au séminaire où je vis maintenant, par exemple, lorsque nous terminons de souper, tout le monde disparaît. Sans que cela soit dit littéralement, il est assez clair que tous pensent : « Je ne veux rien savoir de vous. Je serai dans ma chambre à lire mon livre de prières, à prier Dieu et restez hors de ma vie. » Voilà un des aspects négatifs. Mais d'un autre côté, si je me mariais, si j'avais des enfants, comment pourrais-je me donner 24 heures sur 24 à eux et aux autres, ceux de la rue? Ma femme s'en plaindrait! Les enfants s'en plaindraient. Ils diraient : « Pourquoi passes-tu tous tes dimanches après-midi avec ces enfants et pas avec nous? »

Il y a ce conflit entre servir Dieu et servir les gens. Il est plus facile de le faire si vous n'avez ni femme ni enfants; bien que certains prêtres dans d'autres religions se marient, ils n'ont pas nécessairement de problèmes à élever leurs enfants.

* * *

J'ai appelé un de mes anciens collègues de classe une fois et je riais.

«Oh, j'entends que tu es de bonne humeur!» dit-il.

Surprise! Personne ne s'attendait à ce que je réussisse si bien. Je ne m'attendais pas à réussir si bien.

Si je revenais sur Terre, j'aimerais partir en mission. J'aimerais aller en Chine et dans d'autres parties du monde, pour parler de Dieu. Parce qu'une fois que les gens commencent à croire en Dieu, leur croyance est très faible. Pour certains, croire en Dieu est comme croire au feu, en la lune, au soleil. Mais ils devraient savoir que Dieu est comme le Christ. Il est venu sur Terre, il est né dans une étable et est mort sur la croix. Cela ne ressemble pas beaucoup à un dieu. Si j'étais Dieu, je ne serais pas né dans une étable et je ne serais pas mort sur une croix! Ces soldats romains, ils voudraient me mettre sur la croix? Pas question! Personne ne me battrait! Mais le Christ, il est venu et a dit: «Vos dieux et mon Dieu sont différents.»

Quand j'allais obtenir mon diplôme de baccalauréat ès arts en psychologie, mon travail final portait sur l'image de Dieu et l'image de ses parents dans l'esprit d'une adolescente. Plus d'une centaine de jeunes avaient répondu à mon questionnaire. À la fin, j'avais des réponses sur divers types de relations: l'élève et sa mère, l'élève et son père, l'élève et son professeur, et l'élève et Dieu. D'après mon étude, la plus grande ressemblance résidait entre «moi et mon père» et «moi et Dieu». Par contre, les étudiantes étaient toutes catholiques, ce qui faussa un peu les résultats.

* * *

J'espère que je n'aurai pas peur de rencontrer Dieu.

Je lui dirai qu'il était temps qu'il se présente à moi. Que pensez-vous de la vie? Les gens ne veulent pas mourir, mais vraiment, ils devraient vouloir mourir. Parce que là est toute la raison pour laquelle Dieu nous a mis sur Terre. Il nous a mis sur Terre pour faire notre pèlerinage, pour être des témoins de Dieu durant notre vie. Si nous avons peur, peur de Dieu, nous ne pouvons pas être ses témoins. Nous ne réalisons pas que nous devons traverser cette vie et que c'est là la chose la plus importante.

La vie changera, pas la fin. Vous resterez vivant même après la mort. La seule différence entre la vie et la mort est que l'âme à l'intérieur du corps quitte le corps et continue son pèlerinage jusqu'au Père, où elle est reçue par celui-ci, qui nous aime tant qu'il nous a envoyé son fils. Alors, si nous menons une mauvaise vie, nous aurons un avocat, quelqu'un qui aura déjà payé les taxes pour nous, si l'on peut dire ainsi.

Je crois que l'âme se rend jusqu'à Dieu. Un aller simple. Qu'elle reste avec Dieu. Mais l'âme reste toujours en lien

Le père Johns et son neveu Arthur se préparent pour une course de vélo en Californie, dans les années 1980.

avec le monde. Voilà pourquoi les saints existent. Je peux prier ma mère, parce que ma mère est une des meilleures personnes que j'aie connues.

Mais je peux aussi prier tous les autres qui sont décédés. Prier pour eux et les prier.

* * *

Lorsque je partirai, tout ce que j'espère est qu'il y aura des gens dans ce monde capables et désireux de prendre soin de la chose la plus importante sur Terre : nos enfants.

Le père Johns devant les murs du Grand Séminaire de Montréal, en 2006.

ÉPILOGUE

Après que le père Johns a dit au revoir à Josh au crépuscule d'une journée d'hiver montréalais, il ignorait que, dans les mois à venir, sa destinée subirait un nouveau tournant. À l'époque, il vivait toujours au Séminaire de Montréal, prenant ses dîners avec son ami le père McEntee et visitant régulièrement la roulotte et le centre d'accueil.

À la fin du printemps 2007, il s'est soudainement senti épuisé. Le poids de ses 79 années, presque toutes passées à aider les autres, a finalement commencé à se faire sentir. Le père Johns a réalisé qu'il avait besoin de vacances.

À la fin du mois de mai, il est entré en contact avec diverses églises au Canada, en cherchant une où il pourrait louer une chambre et passer une année loin des ennuis, des problèmes et des appels téléphoniques. Il a dit qu'il savait que les jeunes de la rue auraient besoin de lui, mais pour les aider, il devait d'abord prendre soin de sa propre santé.

Il a pris une année sabbatique.

L'église qu'il a trouvée, pas trop loin de Montréal, à la frontière du Québec et de l'Ontario, a accepté sa condition: il pourra y vivre avec un chien. Il n'en a pas encore, mais il en cherchera un dès qu'il sera un peu mieux installé.

Cette année terminée, père Johns raconte qu'il continuera son projet à l'échelle internationale, avec Le Bon Dieu dans la rue ou autrement. Il a démarré une nouvelle organisation nommée Pops International.

Son objectif et son désir se rejoignent: aider les enfants.

Peu importe où les jeunes sont dans le monde.

«Mais pour l'instant, je prends une petite pause, je crois que je le mérite bien, ajoute-t-il en souriant. J'ai besoin de temps pour moi, pour réfléchir et me reposer.»

Pendant qu'il termine sa phrase, son téléphone cellulaire sonne.

«Bonjour, c'est Pops, dit le père Johns. Rebecca? Bien sûr, j'arrive. Je suis à l'extérieur de Montréal pour le moment, mais j'y serai aussitôt que possible. Ne bouge pas, d'accord?»

Il se lève, agrippant sa canne et ses clés de voiture.

«Désolé, je dois reconduire cette jeune à l'hôpital. Ça semble être une sorte d'empoisonnement alimentaire, mais je crois que c'est plutôt en lien avec la drogue. Peu importe, je dois partir.»

Marchant d'un pas lent et mal assuré, ce vieil homme de 79 ans à la tête blanche part aider une autre jeune de la rue, ayant oublié que son année sabbatique vient tout juste de commencer.

Alors qu'il ouvre la portière de sa voiture, son téléphone cellulaire sonne à nouveau. Quelqu'un d'autre a besoin de lui.

Ils auront toujours besoin de lui.

Le père Johns et l'auteure, Katia Moskvitch, lors de leur dernière entrevue pour ce livre.

TABLE DES MATIÈRES

7   Préface

9   Mot de l'auteure

13   Prologue

21   Chapitre 1
     Le jeune Emmett

39   Chapitre 2
     Les années de collège

69   Chapitre 3
     Père Emmett Johns

145 Chapitre 4
     Dans la rue

197 Chapitre 5
     La vie après la mort

205 Épilogue